12.12.99

Meisterwerke kurz und bündig

Wagners Ring
Von Robert Maschka

SERIE

PIPER

Meisterwerke kurz und bündig
Herausgegeben von Olaf Benzinger

Sicherlich kennt man den berühmten Walkürenritt oder den Sturz der Götter in Walhall. Aber wohl kaum jemand kann den ganzen »Ring des Nibelungen«, seine komplizierte Handlung, seine Bedeutung und seine Entstehungsgeschichte im Kopf behalten. Dazu ist das Werk zu mannigfaltig, zu groß – eine der gewaltigsten Schöpfungen der Musik. Robert Maschka stellt das Wichtigste zu Wagners »Ring« zusammen: Entstehung, Inhalt und Aufbau, Wirkungsgeschichte und was man über Richard Wagner wissen muß. Im Mittelpunkt der allgemeinverständlichen Darstellung stehen alle wichtigen Daten, Fakten und Hintergrundinformationen. Ein höchst kurzweiliges Kompendium für Laien und Experten, für Liebhaber und Neugierige. Das monumentalste Musiktheater auf einen Blick.

Robert Maschka, geboren 1960 in Deggingen, studierte Neuere Geschichte, Germanistik und Musikwissenschaft. Seit 1986 arbeitet er als Musikjournalist und ist unter anderem Autor von »Who's who in der Oper« (mit Silke Leopold, 1997).

Wagners Ring

Von Robert Maschka

Piper München Zürich

In der Reihe »Meisterwerke kurz und bündig« liegen vor:
Homers Ilias und Odyssee (von Gerhard Fink, Serie Piper 2885)
Goethes Faust (von Michael Lösch, Serie Piper 2886)
Wagners Ring (von Robert Maschka, Serie Piper 2887)
Michelangelos Sixtinische Kapelle (von Lieselotte Bestmann, Serie Piper 2888)
Prousts Auf der Suche nach der verlorenen Zeit (von Philipp Reuter, Serie Piper 2890)
Dantes Göttliche Komödie (von Fritz R. Glunk, Serie Piper 2891)

Originalausgabe
Oktober 1999
© 1999 Piper Verlag GmbH, München
Umschlag: Büro Hamburg
Stefanie Oberbeck, Katrin Hoffmann
Umschlagabbildung: CSA Archive/photonica
Redaktion und Satz: Lektyre Verlagsbüro
Olaf Benzinger, Germering
Notensatz: Rainer H. Jung, Kassel
Druck und Bindung: Clausen & Bosse, Leck
Printed in Germany   ISBN 3-492-22887-9

Inhalt

Wagners Opern – Nibelungen und Ihre Vorläufer

Wir schreiben den 13. August 1876. Zum ersten Mal hebt sich für Richard Wagners Bühnenfestspiel DER RING DES NIBELUNGEN im eigens dafür gebauten Bayreuther Festspielhaus der Vorhang. Ein musiktheatralisches Gesamtkunstwerk, gegliedert in den Vorabend DAS RHEINGOLD und die drei Tage DIE WALKÜRE, SIEGFRIED und GÖTTERDÄMMERUNG: Wann hatte es je dergleichen gegeben? Kein Wunder, daß sogar gekrönte und fürstliche Häupter, allen voran der deutsche Kaiser Wilhelm I. und Dom Pedro II., Kaiser von Brasilien, herbeigeeilt sind und dem spektakulären Ereignis und seinem Urheber die Reverenz erweisen.

Außerdem sind Musiker und Pressevertreter aus aller Welt unter den Premierengästen, zum Beispiel der französische Komponist Camille Saint-Saëns. Seine Beschreibung des »viergetürmten Nibelungen-Riesenbaus« (Friedrich Nietzsche) kulminiert in folgendem Satz: »Von dem Gipfel des letzten Aktes der GÖTTERDÄMMERUNG aus gewinnt das ganze Werk in seiner gigantischen Größe den Eindruck des Übermenschlichen, Überirdischen, wie die Alpenkette von der Spitze des Montblanc aus gesehen.« Muß sich Saint-Saëns bis zum Hochgebirgs-Panorama versteigen, um seiner Überwältigung angemessenen Ausdruck zu verleihen, begibt sich ein anderer Festspielbesucher bei Betrachtung des RINGS hinunter bis in die Niederungen empörter Polemik. Nichts, aber auch gar nichts kann Ludwig Speidel – Berichterstatter des WIENER FREMDENBLATTS – »dieser nun offenbar gewordenen musikalisch-dramatischen Affenschande« abgewinnen.

Von Anbeginn also tobt um Wagners Hauptwerk der Meinungsstreit heftig, und von jeher haben Pro und Contra Sperrfeuer-Qualität. Was ein gewisser Gustav Dullo 1872 schon im Vorfeld als »Zirkuskomödie« abgetan hat, hält Gerhart Hauptmann Anno 1911 für »vielleicht das mächtigste Kunstgebilde der letzten Jahrtausende«. Und während Thomas Mann 1937 Wagners Tetralogie ähnlich emphatisch als »das tönende Schaugedicht von der Welt Anfang und Ende« preist, war sie 1898 für George Bernard Shaw ganz nüchtern und allem germanischen Brimborium zum Trotz ein »Drama der Gegenwart und nicht eines aus ferner und sagenhafter Vorzeit«. Auch heute noch sind die Ansichten über den Bedeutungsgehalt des Stückes strittig. Erklärte der bedeutende Wagner-Exeget Peter Wapnewski 1995 den Ring zur »kosmischen Sozialutopie«, so deutete ihn der Politologe Udo Bermbach ein Jahr zuvor als »eine politische Untergangsparabel«. Um Aufschluß über den Sinn des Werks zu erhalten, mag möglicherweise der Blick auf seine Entstehungsgeschichte hilfreich sein. Das versprach 1970 zumindest der Musikwissenschafler Carl Dahlhaus: »Wer den Ring begreifen will, muß die Geschichte des Werkes kennen.«

Mit Blick auf Wagner ergibt sch daraus die Frage: Weshalb erweckte der Nibelungen-Stoff überhaupt seine Aufmerksamkeit?

Dazu ist zunächst einmal festzustellen: Eine Veroperung der Nibelungen lag in den 1840er Jahren gewissermaßen in der Luft. Felix Mendelssohn-Bartholdy und Robert Schumann prüften 1840 die Operntauglichkeit des Stoffes. Und 1844 wandte sich der Tübinger Philosoph Friedrich Theodor Vischer aufmunternd an die Komponistenzunft:

Entstehungsgeschichtliche Daten zum Text des Rings

1848: RING-Vorstudie: DER NIBELUNGEN-MYTHUS, ALS ENTWURF ZU EINEM DRAMA, danach Prosaentwurf und Dichtung SIEG- FRIEDS TOD, die Urform der späteren GÖTTERDÄMMERUNG.
1851: Mai/Juni, Konzeption und Dichtung des JUNGEN SIEG- FRIED (Urform des späteren SIEGFRIED); November, erste Prosaskizzen zum RHEINGOLD, dann zur WALKÜRE.
1852: Es entstehen die Prosaentwürfe zum RHEINGOLD (März) und zur WALKÜRE (Mai), gleich darauf die Versdichtung der WALKÜRE. Zwischen 15. September und 3. November ent- steht die Dichtung des RHEINGOLDS, die hier noch DER RAUB DES RHEINGOLDES heißt. Danach werden DER JUNGE SIEGFRIED und SIEGFRIEDS TOD überarbeitet.
1853: privater Erstdruck der Ringdichtung
1856: endgültige Umbenennung des JUNGEN SIEGFRIED in SIEGFRIED und von SIEGFRIEDS TOD in GÖTTERDÄMMERUNG.

»Das Nibelungenlied ist für die Oper wie gemacht, quillt und sprudelt von herrlichen musikalischen Motiven, wartet schon lange auf seinen Komponisten, fordert ihn gebiete- risch.« Der dänische Komponist Niels Gade war dann der erste, der sich berufen fühlte, doch nach dem 2. Akt brach er 1847 ab.

Voraussetzung für das Interesse der Komponisten aber war die Renaissance des um 1200 verfaßten mittelhoch- deutschen NIBELUNGENLIEDS, das vornehmlich auf den Untergang des mittelrheinischen Burgunderreichs um das Jahr 436 reflektiert. 1755 nach Jahrhunderten der Verges- senheit in Hohenems wiederaufgefunden, schufen 1757 Johann Jakob Bodmer, dann 1782 sein Schüler Christoph Heinrich Myller erste Ausgaben, die freilich auf ein geteil- tes Echo stießen. Ziemlich abfällig äußerte sich etwa der Preußen-König Friedrich II. über das von Myller ihm zugesandte Exemplar: »In meiner Büchersammlung wenigstens, würde Ich dergleichen elendes Zeug, nicht dulten; sondern herausschmeissen.«

Erst in der Romantik avancierte das NIBELUNGENLIED zum deutschen Nationalepos, befördert durch die 1807 erschienene Übertragung von Friedrich Heinrich von der Hagen aus dem Mittelhochdeutschen, die 1826 von Karl Lachmanns Übersetzung abgelöst wurde.

Von der Hagens Ausgabe wurde übrigens mit einer Zeichnung von Peter Cornelius, der 1817 seine Illustrationen zum NIBELUNGENLIED vorlegte, geschmückt. Eine Kupferstichreproduktion des Blattes – ohnehin hatten bildliche Darstellungen der Nibelungen-Gestalten damals Hochkonjunktur – landete in Wagners Besitz.

Wiederholt nahmen sich die Dramatiker des Stoffes an. So hatte Friedrich Hebbels 1862 abgeschlossene NIBELUNGEN-Trilogie in Ernst Rauppachs DER NIBELUNGEN-HORT von 1834 einen Vorläufer. Vor allem aber Friedrich de la Motte-Fouqués Dramen-Dreiteiler DER HELD DES NORDENS (vollendet 1810) ist gleich in zweifacher Hinsicht bemerkenswert: einerseits, weil Wagner höchstwahrscheinlich von dieser ersten neuzeitlichen, überdies den Stabreim verwendenden Dramatisierung des Nibelungen-Mythos Kenntnis hatte; andererseits, weil de la Motte-Fouqué sich nicht auf das NIBELUNGENLIED, sondern auf einen anderen Überlieferungszweig stützte – den nordischen: Hierbei handelt es sich zum ersten um die sogenannte ÄLTERE oder LIEDER-EDDA, ein rundes Dutzend Götter- und Heldenlieder, die vermutlich seit dem 9. Jahrhundert vornehmlich in Island und Norwegen entstanden sind. Im letzten Drittel des 13. Jahrhunderts aufgezeichnet, wurden sie 1643 wieder aufgefunden. Zum zweiten ist die JÜNGERE oder PROSA-EDDA gemeint, eine um 1230 von dem isländischen Gelehrten Snorri Sturluson verfaßte Poetik, in der die Geschichte der Nibelungen und eines in ihrem Goldschatz befindlichen, verfluchten Ringes skizziert ist. Eine für Wagner nicht minder wichtige nordische Hauptquelle war die Familiengeschichte der norwegischen VÖLSUNGASAGA (um 1260). Sie diente ihm als Vorlage zur WALKÜRE.

1802/3 hatte August Wilhelm Schlegel erstmalig auf den altskandinavischen Fundus hingewiesen. Und ohne die wissenschaftliche Aufbereitung des gesamten Nibelungen-Materials, nicht zuletzt durch die Gebrüder Grimm, hätte Richard Wagner, wie immer sein eigener Librettist, die RING-Dichtung überhaupt nicht in Angriff nehmen können. Denn die Plünderung des von den Philologen gehobenen Nibelungenschatzes durch den Mythomanen Wagner ist eine kompilatorische Meisterleistung sui generis. Zwei Charakteristika seien in diesem Zusammenhang hervorgehoben. Zum einen: Wagners klare Bevorzugung der nordischen Quellen. Anders als das NIBELUNGENLIED stellten die skandinavischen Dichtungen Wagner nämlich Helden- *und* Göttermythen bereit. Außerdem mochte sich Wagner von der archaisierenden Aura dieser Texte stärker angesprochen fühlen, als von dem mittelhochdeutschen Epos, in dem sich deutlich seine Entstehungszeit, das feudale Hochmittelalter, spiegelt. In Wagners aus der Urkraft des Mythos schöpfender Konzeption aber war gerade solche Historizität nichts weiter als unnützer historischer Ballast.

Zum zweiten: Um sich das mythische Material verfügbar zu machen, mußte es Wagner in für seine Zwecke brauchbare Versatzstücke aufspalten. Ihre Neumontage ist um so faszinierender zu verfolgen, als Wagner dabei die Handlung rückläufig aufrollte.

Zunächst nämlich plante er im Herbst 1848 lediglich eine einzige Oper: SIEGFRIEDS TOD, die Urform der späteren GÖTTERDÄMMERUNG. Obwohl er in der Handlungsskizze DER NIBELUNGEN-MYTHUS. ALS ENTWURF ZU EINEM DRAMA in Grundzügen die Vorgeschichte schon entwickelt hatte, setzte SIEGFRIEDS TOD in der frühesten Version sogar das Liebesverhältnis zwischen Siegfried und Brünnhilde als bekannt voraus. Nach Wagners Erinnerung hatte ihn der Dresdner Dramaturg und Regisseur Eduard Devrient vor solcher Überforderung des Publikums gewarnt, »wenn es sich aus kurzen epischen Andeutungen so sehr viel, was meinem Stoffe das richtige Verständnis geben sollte, zu ergänzen hätte«. Freilich dauerte es bis in den Juni 1851, bis Wagner mit der Dichtung des JUNGEN SIEGFRIED (die Frühfassung des späteren SIEGFRIED) aus Devrients Bedenken Konsequenzen gezogen hatte.

Aber damit noch nicht genug: »Um vollkommen von der Bühne herab verstanden zu werden«, beschließt Wagner, wie er in einem Brief am 12. November 1851 seinem Freund Theodor Uhlig mitteilt, »den ganzen Mythos plastisch auszuführen«. Mit den Versdichtungen zur WALKÜRE, dann zum RHEINGOLD, ist Wagners dichterischer Krebsgang zurück zu den Ursprüngen am 3. November 1852 beendet. Freilich ergibt sich aus der theatralischen Auffächerung zur Tetralogie eine bedeutsame Verlagerung des dramaturgischen Schwerpunkts: Die Siegfried-Handlung wird nun nämlich eingebunden in die umfassendere Tragödie der Götter und ihres Anführers Wotan.

Schon Wagners librettistischer Aufwand wäre unbegreiflich, wenn es ihm bloß um ein germanophiles Fantasy-Opern-Spektakel gegangen wäre. Deshalb ist zu fragen, welche Absicht Wagner mit seinem RING-Projekt im Grunde verfolgte. Dazu müssen wir einen scheinbaren Umweg über Wagners Biographie gehen – zurück in die Entstehungszeit des Werks, als Wagner noch nicht jene zu

Bayreuth adorierte Kult- und Jahrhundertfigur war, sondern der 35jährige Dresdner Hofkapellmeister, der 1813 im benachbarten Leipzig geboren, mit seinen Opern RIENZI (1842), DER FLIEGENDE HOLLÄNDER (1843) und TANNHÄUSER (1845) erste Aufmerksamkeit erregt hatte. Außerdem aber war Wagner in Dresden ein Revoluzzer, der den philosophischen Gottesleugner Ludwig Feuerbach, den Frühsozialisten Pierre-Joseph Proudhon (»Eigentum ist Diebstahl«) liest und den russischen Anarchisten Michail Bakunin zum Freund hat. Nach dem Scheitern der Revolution von 1848/ 1849 wird Wagner »wegen wesentlicher Theilnahme« gar steckbrieflich gesucht.

Wagners Steckbrief

»Der unten etwas näher bezeichnete Königl. Capellmeister Richard Wagner von hier ist wegen wesentlicher Theilnahme an der in hiesiger Stadt stattgefundenen aufrührerischen Bewegung zur Untersuchung zu ziehen, zur Zeit aber nicht zu erlangen gewesen. Es werden daher alle Polizeibehörden auf denselben aufmerksam gemacht und ersucht, Wagnern im Betretungsfalle zu verhaften und davon uns schleunigst Nachricht zu ertheilen. Dresden, den 16. Mai 1849. Die Stadt-Polizei-Deputation. von Oppell. Wagner ist 37–38 Jahre alt, mittlerer Statur, hat braunes Haar und trägt eine Brille.«

Hals über Kopf muß er in die Schweiz fliehen. Seine neueste Oper LOHENGRIN wird 1850 in Abwesenheit des Komponisten uraufgeführt werden – durch seinen Freund und späteren Schwiegervater Franz Liszt in Weimar. Beinahe zwölf Jahre wird es dauern, bis Wagner wieder deutschen Boden betreten darf. Wagners weiterer Lebensweg bis nach

Bayreuth, ein zwischen Bankrott und königlich-bayerischer Protektion verlaufendes Abenteuer, kann hier nur im Hinblick auf den Ring skizziert werden. Da sind zunächst die drei kunstästhetischen Schriften Die Kunst und die Revolution (1849), Das Kunstwerk der Zukunft und Oper und Drama (1852) zu nennen: die theoretische Grundlage zu den Nibelungen.

Insbesondere aber sei an den unstetigen, sogar von endgültigem Scheitern bedrohten Kompositionsprozeß erinnert, vor allem an die siebenjährige Ring-Pause der Jahre 1857 bis 1864. Damals hatte sich Wagner unter dem Eindruck seiner Liebe zu Mathilde Wesendonck und der

Wagners Hauptmäzen: Ludwig II. von Bayern

In der vielköpfigen Schar von Wagners geldschweren Gönnern ist König Ludwig II. von Bayern (1845 – 1886) sicher der spendabelste. Als Ludwig den verehrten Komponisten schon bald nach seiner Thronbesteigung 1864 nach München holen läßt, bewahrt er Wagner vor dem sicheren Bank-rott. Der König ermöglicht in München die Uraufführungen von Tristan und Isolde (1865) und der Meistersinger von Nürnberg (1868). Obwohl Ludwig seinen Schützling auf politischen Druck hin 1866 aus München verbannen muß, unterstützt er Wagner weiter. Zwar erwirbt Ludwig für 30 000 Gulden die Eigentums- und Aufführungsrechte am Ring. Die trotz Wagners Protest anberaumten Münchner Uraufführungen des Rheingolds (1869) und der Walküre (1870) belasten aber das ohnehin spannungsreiche Verhältnis zwischen König und Komponisten ernstlich. Als jedoch die Festspiele am schnöden Mammon zu scheitern drohen, wird der Bayernkönig abermals zum Retter in der Not. 1876 kann sich der menschenscheue Monarch nur zum Besuch der Generalproben und des dritten Bayreuther Ring-Zyklus entschließen.

Lektüre Arthur Schopenhauers (siehe auch Seite 17) den Musikdramen TRISTAN UND ISOLDE und den MEISTER-SINGERN VON NÜRNBERG zugewandt. Und so kommt es, daß zwischen Wagners ersten Textentwürfen und der Ur-aufführung des Bühnenfestspiels der immense Zeitraum von fast dreißig Jahren liegt! Demnach hatte der notorische Selbstdarsteller Wagner ausnahmsweise einmal nicht über-trieben, als er am 9. November 1852 in einem Brief an Franz Liszt mit prophetischer Voraussicht den RING als »das Gedicht meines Lebens und alles dessen, was ich bin und fühle«, bezeichnete.

Wie nun Wagner-Zeit und Mythenwelt des Nibelun-gen-Sujets in der RING-Tetralogie zusammenfinden, dar-über gibt Wagners Definition des Mythos in OPER UND DRAMA Auskunft: »Das Unvergleichliche des Mythos ist, daß er jederzeit wahr und sein Inhalt, bei dichtester Ge-drängtheit, für alle Zeiten unerschöpflich ist. Die Aufgabe des Dichters war es nur, ihn zu deuten.« Das heißt aber, daß der RING DES NIBELUNGEN für Wagner selbst gar kein Mythos ist, sondern lediglich eine seiner Interpretationen. Und setzt man »Mythos« mit »bildhaft verdichteter Ver-gangenheit« gleich, wird ein Satz aus Wagners 1851 ent-standener Schrift EINE MITTEILUNG AN MEINE FREUNDE, zum aufschlußreichen Erklärungshinweis über die Wir-kungsabsicht des Stücks:

»Alle unsere Wünsche und heißen Triebe, die in Wahrheit uns in die *Zukunft* hinübertragen, suchen wir aus den Bildern der Vergangenheit zu sinnlicher Erkennbarkeit zu gestalten, um so für sie die Form zu gewinnen, die ihnen die moderne Gegenwart nicht verschaffen kann.«

Das meint: Wagner erlebt die eigene Zeit als dermaßen verbraucht und verdorben, daß ihre »Bilder« und »For-men« für Zukunftsvisionen unbrauchbar sind. Deshalb

Entstehungsgeschichtliche Daten zur Komposition

1849: vermutlich erster musikalischer Einfall zum RING: Motiv des »Walkürenritts«.

1850: Am 12. August erste, alsbald wieder liegengelassene Kompositionsskizze zu SIEGFRIEDS TOD.

1853, 1. November: Kompositionsbeginn.

1854, 26. September: Vollendung des RHEINGOLDS.

1856, 23. März: Vollendung der WALKÜRE.

1857: Die Komposition des SIEGFRIED gerät ins Stocken. Am 9. August bricht Wagner mit der Orchesterskizze des 2. Aktes ab.

1864–1871: Fortführung der Komposition des SIEGFRIED, Werkvollendung am 5. Februar 1871. Schon Anfang 1870 hat Wagner mit der Komposition der GÖTTERDÄMMERUNG begonnen.

1874: Am 21. November schließt Wagner die Partitur des RING DES NIBELUNGEN ab.

müsse der Künstler auf die unverbrauchten, reinen Bilder aus der Vergangenheit – das heißt auf den Mythos – zurückgreifen, will er von der Zukunft, wie er sie sich wünscht, ein sinnlich erfaßbares Bild entwerfen. Da sich für Wagner die Verkommenheit der Gegenwart im Scheitern der Revolution von 1848/49 manifestiert hat, hofft er weiterhin auf revolutionäre Veränderung, und den RING begreift er als künstlerisches Sinnbild dieser Hoffnung. Demgemäß schreibt er in dem erwähnten Brief an Uhlig über eine schon hier als Festspiel avisierte Aufführung des Werks:

»*mit ihm* gebe ich den menschen der Revolution dann die *bedeutung* dieser Revolution, nach ihrem edelsten sinne, zu erkennen. *Dieses publikum* wird mich verstehen: das jetzige kann es nicht.«

Politisch betrachtet, stellt sich Wagners kunstideologisches RING-Konzept damit folgendermaßen dar: Der Rückgriff auf den germanischen Mythos weist Wagner zwar als ein Kind der deutschen Romantik aus. Doch geht es ihm keinesfalls um reaktionäre Vergangenheitsverklärung, ungeachtet der Tatsache, daß das Werk in dieser Absicht nationalistisch ausgebeutet wurde. Im Gegenteil: Wagners kühne Mythen-Uminterpretation ist ein künstlerisches Mittel zur Zukunftsgewinnung, der Rückgriff wird im Sinne einer konkreten Utopie zum Vorgriff.

Das zeigt sich auch auf anderer Ebene: der dichterischen Form. Bekanntlich hat Wagner die gesamte RING-Dichtung in Stabreimen abgefaßt, ein historistischer Reflex auf

Wagners fragwürdige »Schopenhauerisierung« des Rings

Nach Fertigstellung der RING-Dichtung lernt Wagner das philosophische Hauptwerk Arthur Schopenhauers (1788 bis 1860), DIE WELT ALS WILLE UND VORSTELLUNG, 1854 kennen. Unter dem tiefgreifenden Eindruck dieser Lektüre interpretiert Wagner den resignativen Zusammenbruch seines Hauptgottes Wotan (WALKÜRE, 2. Akt) im Sinne des Schopenhauerschen Prinzips der Willensverneinung. Durch solche nachträgliche Werkuminterpretation hat Wagner den RING-Exegeten seit jeher das Leben schwergemacht. Eher mag sich Schopenhauers Einfluß in der Musik des RINGS niederschlagen. Denn ab 3. Akt von SIEGFRIED ist das Wort-Ton-Verhältnis zugunsten der Musik verschoben, und demgemäß bezeichnete Wagner 1872 seine Dramen, als »ersichtlich gewordene Taten der Musik«: Ein Reflex des Komponisten auf Schopenhauers hohe Meinung vom Eigenwert der Tonkunst? Zwiespältig indessen reagierte der Philosoph auf die Zusendung des Librettos: Wagner habe mehr Genie zum Dichter und solle die Musik an den Nagel hängen.

die Stabreimdichtung des Mittelalters. Und mögen Wagners Nibelungenverse auch den skurrilen Anschein der Altertümelei erwecken, so nimmt Wagner um einer anderen Absicht willen dieses Mißverständnis in Kauf.

Er gebraucht die Alliteration nämlich dermaßen flexibel, daß kein festes Versmaß entsteht, sondern freie Rhythmen. »*Aus der Prosa unserer gewöhnlichen Sprache* den erhöhten Ausdruck zu gewinnen«, (OPER UND DRAMA) just zu solch avantgardistischer Stilisierung nutzt er das archaisch anmutende Stabreimverfahren. Prosa aber war, von den zwischen Arien und Ensembles vermittelnden Rezi-

Der Festspiel-Gedanke zwischen Wunsch und Wirklichkeit

Bereits in einem Brief vom 15. September 1850 kündigt Wagner an, er wolle für Siegfrieds Tod »aus Brettern ein Theater errichten lassen ... und – natürlich gratis – drei Vorstellungen in einer Woche hintereinander geben, worauf dann das Theater abgebrochen wird und die Sache ihr Ende hat«. Auf dem steinigen Weg bis zu den ersten Bayreuther Festspielen von 1876 – letztendlich Wagners neuzeitlich modifizierte Übertragung seiner Vorstellungen über das griechisch-antike Theaterwesen – ist München die wichtigste Zwischenstation. Dort unterstützte und plante Ludwig II. 1864 den Bau eines monumentalen, unter Wagners Ägide von Gottfried Semper zu errichtenden Festtheaters. Zwar kam es dazu nicht. Doch die Pläne für einen amphitheatralischen Zuschauerraum (als demokratischer Gegenentwurf zum höfischen Logentheater) und für ein verdecktes Orchester, das zwischen Zuschauerraum und Bühne versenkt, einen »mystischen Abgrund« hervorruft, werden dann im Bayreuther Festspielhaus verwirklicht. Nicht jedoch der freie Eintritt: Die katastrophale Finanzsituation der ersten Festspiele erlaubte lediglich fünfzig Freiplätze.

tativen einmal abgesehen, zu Wagners Zeit in deutschen Operntexten unüblich.

Den metrisch gebundenen und mit einem Endreim versehenen Vers abzuschaffen, hatte insbesondere musikalische Gründe. Die konventionellen Opernverse verführten nämlich bei der Vertonung zu einer regelmäßigen und monotonen Gliederung der Phrasen; gerade solch stur-leierndes Ebenmaß sucht Wagner in seiner Neuorganisation des musikalischen Gefüges zu vermeiden. Sein Ideal ist ein geschmeidiger, prosahafter Klangverlauf, in dem die aus der herkömmlichen Oper gewohnte Folge von in sich abgeschlossenen, durch Rezitative verbundenen Gesangsnummern keine Rolle mehr spielt. Für musikalischen Zusammenhang sorgt hierbei die berühmt-berüchtigte Leitmotivtechnik.

Das Riemann-Musiklexikon definiert das Leitmotiv – ein Ausdruck, den übrigens nicht Wagner, sondern sein Adlatus Hans von Wolzogen 1876 ins Gespräch gebracht hat – als »prägnante musikalische Gestalt, die in wortgebundener oder programmatischer Musik einem bestimmten dichterischen Moment (einer Idee, Sache, Person und ähnlichem) zugeordnet ist und im musikalischen Text immer dann erscheint, wenn dieses dramatisch-poetische Moment gemeint ist.« Zur Veranschaulichung ein Beispiel aus dem RING: Als im RHEINGOLD zum ersten Mal vom titelgebenden Ring die Rede ist, erklingt in der Musik das Motiv *1.

⋮ Alle Notenbeispiele finden sich im Anhang ab Seite 115.

Bis zum Schluß der GÖTTERDÄMMERUNG bleibt dieses Motiv nun am Ring haften. Da Wagner für sämtliche

Das Ring-Orchester: Wagners filigranes Mammut-Ensemble

Nicht nur die zeitliche Ausdehnung macht Wagners RING zu einem Extremwerk, sondern auch der darin betriebene orchestrale Aufwand. Je sechzehn erste und zweite Geigen, je zwölf Bratschen und Celli und acht Kontrabässe bilden das Streichercorpus. Um in jeder Klangfarbe einen vollständigen harmonischen Satz darstellen zu können, sind die Bläser – vom Fagott/Kontrafagott-Trio abgesehen – vierfach besetzt: Querflöten (inclusive zwei Piccolos), Klarinetten mit Baßklarinette, Oboen (stellenweise mit Englisch Horn), Trompeten und Posaunen. Die Hörner spielen sogar im Doppelquartett, wobei die eine Hälfte mitunter zu den sogenannten Wagner-Tuben wechselt. Wagner hat diese Tuben mit Waldhornmundstücken eigens für den RING anfertigen lassen, ebenso Baß-Trompete, Kontrabaß-Tuba und -Posaune, außerdem drei Stierhörner für Bühnensignale in der GÖTTERDÄMMERUNG. Die Harfen erklingen sechsfach, im RHEINGOLD noch um eine Rheintöchter-Sonderharfe ergänzt. Zum Percussions-Apparat (zwei Paar Pauken, Triangel, Becken, große und kleine Trommel, Tamtam und Glockenspiel) treten im Rheingold noch achtzehn Ambosse.

werkrelevante Sachverhalte oder Personen spezifische Leitmotive entwickelt, breitet die Musik – so Wagner – »ein, jederzeit charakteristisches, Gewebe der Hauptthemen ... *über das ganze Drama*« aus.

Und da die Leitmotive als »ahnungs- oder erinnerungsvolle melodische Momente« das Bühnengeschehen reflektieren und kommentieren, wird die Musik zum allwissenden Erzähler. In pedantischer Lexikalisierungswut wurden alsbald Wagners Leitmotive aufgelistet und zu diesem Behufe mit so abseitigen Namen wie Waberlohe-, Wälsungenleid-, oder Machtdünkel-Motiv et cetera etikettiert.

Indessen: Die unfreiwillige Komik dieser Benennungen ist eigentlich unvermeidbar, weil nämlich Wagners Leitmotiven sprachlich nur schwer beizukommen ist.

Als genuin musikalische Mitteilungen sollen sie ja zum Ausdruck bringen, was in des Wortes ursprünglicher Bedeutung unsagbar ist, also jenseits der Wortsprache liegt. Und so trifft Wagner mit seiner Umschreibung der Motive als »Gefühlswegweisern« genau ins Schwarze. Sowieso sind die Leitmotive in kein Schema zu zwängen, weil ihre Eigentümlichkeit gerade NICHT in der starren Fixierung, sondern in der von der dichterischen Absicht bedingten Ab-, Um- und Verwandlung liegt, so daß der Feuilletonist Oscar Bie zu Recht vom »Familienleben der Motive« spricht. Dem zwischen den Leitmotiven waltenden »Beziehungszauber« (Thomas Mann) im Zusammenspiel mit Text und Szene nachzuspüren, darauf sei im weiteren Verlauf dieses Buches Augen- und Ohrenmerk gerichtet.

Vorabend: Das Rheingold

Spieldauer: zirka zweieinhalb Stunden, keine Pause
Wotan – Baßbariton, Donner – Bariton, Froh – Tenor,
Loge – Tenor, Alberich – Baßbariton, Mime – Tenor, Fricka
– Mezzosopran, Freia – Sopran, Erda – Alt, Woglinde –
Sopran, Wellgunde – Sopran, Floßhilde – Alt

Im Anfang war das »Es«: ein Kontrabaß-Brummen in der
Oktave, so tief, daß die tiefe Kontrabaß-Hälfte ihre unter-
ste Saite um einen halben Ton herabgestimmt hat. Wag-
ners Tetralogie beginnt noch vor aller Musik mit purem
Klang. Eine Quint tritt hinzu, dann ein Hornruf: das
Natur-Motiv (*2a).

Kaum mehr als ein musikalischer Keim, die Ankün-
digung von Es-Dur. Noch ein Hornruf, weitere Hörner fallen ein. Ein harmonischer Klangraum entsteht, greift in
»heiterer Bewegung« über dem Kontra-Es nach oben aus:

Das Natur-Motiv

Eine aus dem Es gezeugte »heitere Bewegung«: Aus dem
Quint-Oktavklang aufsteigend, entsteht das Natur-Motiv
(*2a) auf wahrhaft ursprüngliche Weise – als Naturtonreihe.
Damit ist jene Tonfolge gemeint, die sich bildet, wenn bei
Blasinstrumenten durch das sogenannte Überblasen nicht
der Grund-, sondern dessen Obertöne angespielt werden.
Bezogen auf das Kontra-Es beginnt die Reihe folgendermaßen: Es, B, es, g, b – der Anfang des Natur-Motivs.
Daraus entwickelt Wagner alsbald eine melodische Variante, aus der er nahezu alle Leitmotive im RING ableitet (Notenbeispiel *2b).

der Beginn eines allmählichen Verdichtungsprozesses, der die Minimal-Music vorwegzunehmen scheint. Mit den mäandernden Celli wird das Geschehen zunehmend differenzierter, mehr und mehr gestalthaft und damit tonmalerisch: Wir lauschen der Geburt des Wassers. Wenn der Vorhang nach oben gezogen wird, strömt und braust es »auf dem Grunde des Rheins«.

»Weia! Waga! Woge, du Welle«: ein Kinder-Singsang (Notenbeispiel *3) ertönt, mehr vorsprachliches Lallen als wirkliches Sprechen. Die Rheintöchter Woglinde, Well-

Die Rheintöchter – männerverlockende Elementarwesen

Woglinde, Wellgunde und Floßhilde: Wie durch ihr wellenförmiges Leitmotiv (*3) sind die Rheintöchter auch durch ihre sprechenden Namen als Elementarwesen gekennzeichnet. Vergleichbar den Undinen und Nixen, die allenthalben in der Romantik ihr männerverlockendes Wesen treiben, entfaltet sich ihr Liebreiz jenseits von Gut und Böse. Selbst in der zweifellos kränkenden Zurückweisung Alberichs sind diese Naturgeschöpfe also naiv und keineswegs frivol. Gleichwohl müssen sie ihren Übermut büßen: mit dem Raub des Rheingolds. Ob sie aus Schaden klug geworden sind, wird sich in der GÖTTERDÄMMERUNG erweisen.

gunde und Floßhilde sind in ihrem Element. Der Rhein als paradiesische Unterwasser-Spielwiese. Plötzlich hemmt täppisches Gestolper den freien Fluß des Wassers: Der Nibelung Alberich stört die Nixen auf. Der Anblick des häßlichen Zwergs bringt ihnen augenblicklich ihre eigentliche Aufgabe ins Gedächtnis, nämlich gemäß väterlicher Weisung das Rheingold zu bewachen. Freilich: Alle Vorsicht

Das Rheingold – Symbol des wertlosen Natur-Schönen

Als das Rheingold im vollen Glanz der Sonne leuchtet, erstrahlt seine Fanfare in C-Dur: Die vorzeichenlose Tonart
wird so zum Charakteristikum seiner Reinheit. Als Symbol
des Natur-Schönen ist das Rheingold nutzlos und ohne
Geldwert. Den erhält es erst durch die Deformierung zum
Ring (Rheingold-Motiv *4).

ist schnell vergessen, als sich der angebliche Feind als lü-
sterner Freier entpuppt. Wie Alberich jedoch leidvoll erfahren muß, gilt ebenso für Zwerge, was Sigmund Freud über
die Menschen sagt: nicht alle seien sie liebenswert. Ange-
lockt von vorgetäuschter Zutraulichkeit, bekommt Alberich von jeder der Nixen eine demütigende Abfuhr verpaßt.
Vor allem die im Wächteramt sonst so besonnene Floßhilde
treibt das grausam-gefährliche Spiel auf die Spitze.

Zwischen triebhafter Gier und ohnmächtiger Wut würde Alberich vollends außer sich geraten, ließe ihn nicht ein
Naturwunder innehalten. Die Sonne geht auf, und das
Rheingold (*4) spiegelt ihren Glanz in die Wasserfluten zurück. Im Ringelreihen umtanzen und besingen die Rhein-

Der Ring – Symbol für Machtgewinn durch Liebesverzicht

Das titelgebende Symbol der Herrschaftsverstrickung in
einer materialistisch fundierten Weltordnung (*1): Wenn die
Rheintöchter Alberich die Voraussetzung zur Gewinnung
des Ringes nennen, nämlich den Liebesverzicht, erklingt in
c-moll das Motiv *5a, aus dem später, etwa wenn die Götter
Alberich den Ring wieder entreißen, die resignative Wendung *5b hervorgehen wird.

töchter ihr glitzerndes Lieblingsspielzeug. Und weil sie Alberichs Lüsternheit als Liebesverlangen verkennen, wiegen sie sich in Sicherheit und plaudern aus, was Alberich nützt: Wer der Liebe entsage (*5a), könne das Rheingold zu einem »maßlose Macht« verleihenden Ring umschaffen. Alberich aber hat wohl begriffen: Erstens, der Verzicht auf Lust ist nicht gefordert. Zweitens, nur der Erwerb der im Ring geborgenen Macht kann einer machtlosen Kreatur wie ihm das Mittel in die Hand geben, Lust zu gewinnen, nämlich durch Kauf. Und so handelt Alberich, wie er vielleicht muß. Er flucht der Liebe, »reißt mit furchtbarer Gewalt das Gold aus dem Riffe und stürzt damit hastig in die Tiefe«.

Ein Raub, ohne Frage – in Wagners Dramaturgie aber noch mehr als das. Alberichs Tat ist einer der Urfrevel, der jenes vorgeschichtliche Zeitalter beendet, in dem das freie Spiel der Naturkräfte zwischen Harmonie und Chaos die Ordnung der Welt bestimmt hat. Als die Musik während des Übergangs zur nächsten Szene in »freie Gegend auf Bergeshöhn« zu entschweben scheint, geschieht dies durch eine tiefsinnige Motivmetamorphose: Das Ring-Motiv verwandelt sich peu à peu in das von den Wagner-Tuben intonierte Motiv der frischerbauten, noch namenlosen und bezugsfertigen Burg Walhall (Notenbeispiel *6), die Wotan, Oberster der göttlichen Lichtalben-Familie, bei den Riesen Fafner und Fasolt in Auftrag gegeben hat.

Mit der Motivumformung sagt die Musik schon jetzt, daß Ring und Walhall sich zueinander verhalten wie die zwei Seiten einer Medaille. Denn wie der Ring, so ist auch Walhall ein Symbol der Macht. Was durch den Ring im Dienste des Geldes geschieht, betreiben die Götter mit Mitteln der Herrschaft, also durch Politik: die Bändigung der natürlichen Verhältnisse. Die Des-Dur-Feierlichkeit

Wagners Lichtalben und ihre mythologischen Vorbilder

Schon die altnordische Mythologie weiß von den Lichtalben zu berichten, die dort in die Nähe der Götterfamilie der Asen gerückt werden. Und den Asen hat Wagner Namen und Zuständigkeiten seiner Götter abgeschaut. Auch deren Anführer ist der einäugige Wotan/Odin, verheiratet mit Frigg, ihrerseits Vorbild für Wagners Ehe-Schutz-Göttin Fricka. Donner, Froh und Freia (mit Zweitnamen Holda) sind ihre Geschwister, wobei für Wagners grobianischen Raufbold Donner der hammerschwingende Thor, für den Regenbogengott Froh der Wettergott Freyr die Vorläufer sind. Die Gestalt Freias gewann Wagner aus der Ineinssetzung der Liebesgöttin Freyja und der Jugendgöttin Iduna. Auf Freias lyrisch-biegsames Personen-Motiv (Notenbeispiel *7) greift Wagner im weiteren Verlauf variantenreich zurück.

Walhalls ist damit Blendwerk, sie täuscht hinweg über die selbstsüchtigen Antriebe einer Familienclique, die bis dato den Weg zur Weltherrschaft dermaßen erfolgreich beschritt, daß sie nun geradezu göttlich dasteht: gleichsam ein mythisches Vorbild für die gottesbegnadeten Monarchengeschlechter des 19. Jahrhunderts. Allerdings ist den Lichtalben zugute zu halten, daß sie Stabilität in ein Weltgefüge bringen wollen, das bisher durch den Widerstreit der ungebundenen Naturkräfte eine labile und störanfällige Balance finden mußte. Außerdem spricht zugunsten Wotans, daß er im Gegensatz zu Alberich um der Macht willen nicht von der Liebe lassen will.

Auf welch unsolidem vertraglichem Fundament Walhall errichtet wurde, ist zu erfahren, als die Göttergattin Fricka ihren Gemahl Wotan bei Sonnenaufgang aus dem wohligen Traum seiner Allmachtsphantasien reißt. Zum Lohn

für den Bau von Walhall wurde den Riesen nämlich Frickas
Schwester Freia in Aussicht gestellt, die Göttin der Liebe,
die als einzige jene famosen Äpfel zu pflegen weiß, deren
Verzehr den Göttern Jugendlichkeit garantiert. Doch
Wotan denkt gar nicht daran, sich an den – unter Aus-
schluß der Frauen in einer Männerkungelrunde ausgehan-
delten – Vertrag zu halten; der schlaue Feuergott Loge
habe ihm versprochen, für die Gebrüder Riesen irgend-
einen Freia-Ersatz herbeizuschaffen.

Zwar ist Frickas Empörung über die Verschacherung
von Freia unaufrichtig, weil sie selbst auf den Bau der Burg
gedrungen hat, um darin dem lockeren Liebeslebens-
wandel ihres Gatten durch Seßhaftigkeit ein Ende zu berei-

Fafner und Fasolt – keulenschwingende Riesen-Krautjunker

Aus der Wucht des Motives (*9) tönt die Ungeschlachtheit
des mit Keulen bewaffneten Riesenbrüder-Paares Fasolt und
Fafner, den Erbauern von Walhall. Von ihrem ebenfalls rie-
senhaften Vorgänger erzählt die Edda, daß er den Asen den
Wohnsitz Asgard erbaut habe, danach um seinen Lohn ge-
prellt und erschlagen worden sei. Ein Zweckbündnis vereint
die Brüder, wobei Fasolt verliebt auf Freia spekuliert und der
machtbewußte Fafner auf ihre jugendspendenden Äpfel.
Der Dissenz ist zwangsläufig, als die Riesen sich auf den
Ring als Ersatz für Freia einigen. Denn der ist unteilbar. Und
so kommt es zum Brudermord an Fasolt. In SIEGFRIED wird
dem zum Drachen verwandelten Ringbesitzer Fafner, der
den Nibelungenhort nicht nutzt, sondern nur faul bewacht,
von Siegfried der Garaus bereitet. Fafners Unfähigkeit, aus
dem Schatz Mehrwert zu erwirtschaften, macht deutlich,
wen Wagner mit dem Riesengeschlecht letztendlich meint:
den untätig auf seinen Domänen sitzenden Adelsstand,
etwa das preußische Krautjunkertum.

27

ten. Wagners skeptischer Blick auf rechtlich-politisches Agieren wird im Kuhhandel um Freia aber evident. Danach sind Verträge keine fairen Übereinkünfte zwischen gleichberechtigten Partnern, sondern trugvolle Herrschaftsinstrumente der Mächtigen, um Schwächere oder Dümmere auszutricksen: zum Beispiel die »rauhen Riesen« Fafner und Fasolt (*9), vor deren Zugriff Freia sich zu Wotan geflüchtet hat.

Doch die sind unerwartet gewitzt und lassen sich weder durch Wotans Hinhaltetaktik abwimmeln noch durch das Säbelrasseln der später hinzukommenden göttlichen Hofschranzen Donner und Froh. Vielmehr fordert Fasolt mit ciceronischer Eloquenz – »Was du bist, bist du nur durch Verträge« – Wotans Vertragstreue ein und weist auf dessen dafür bürgenden Speer, während Fafner im Begriffe ist, die Göttin als Geisel zu nehmen.

Der Speer – Wotans dubioses Herrschaftsinstrument

Indem Wotans verträgeschützendes Herrschaftsattribut in einem abwärtsführenden Skalengang (Notenbeispiel *8) sein Klangemblem findet, gibt die Musik der Wotanherrschaft die Richtung vor. Über die Herkunft von Wotans Speer berichten in der GÖTTERDÄMMERUNG die Nornen. Danach habe Wotan, gemäß der EDDA, einst aus dem im Wurzelwerk der Weltesche entspringenden Weisheitsquell getrunken und dafür eines seiner Augen gegeben. Aus der Weltesche wiederum, so fügt Wagner hinzu, schnitt er seinen herrschaftsichernden Speer. Das Versiegen der Quelle und das Verdorren des an der Versehrung leidenden Lebensbaumes folgten daraus. Das heißt aber: Weder ist die Machtausübung dieses einäugigen Gottes umsichtig, noch ist sie naturgemäß, da sie in der Urschuld eines Naturfrevels gründet.

Loge – Feuergott und tragischer Ironiker

Hervorgegangen ist Wagners schlauer Feuergott Loge aus einem schöpferischen Irrtum: der Gleichsetzung des germanischen Feuerriesen Logi mit dem verschlagenen Gott Loki. Wie die schwirrende Chromatik seiner Motive (etwa Notenbeispiel *10) tonartlicher Festlegung zu entkommen sucht, so läßt sich auch dieser feurige Elementargeist von niemandem vereinnahmen, nicht einmal von Wotan. Sein Pakt mit den Lichtalben ist lediglich ein Bündnis auf Zeit, um den gemeingefährlichen Alberich auszuschalten. Denn Loges Ziel ist die Wiederherstellung des Naturzustandes. Deshalb gibt es eine unausgesprochene Allianz zwischen ihm und den Rheintöchtern; »wiederholt und rührend« (so Wagner) setzt sich Loge bei Wotan für die Rückgabe des geraubten Goldes ein. Freilich vergeblich – weshalb Loge in der Art eines klar sehenden Shakespeare-Narren als tragischer Ironiker die Machtspiele in seiner Umgebung beobachtet und Habgier durch süffisante Verachtung bloßstellt. Von den in ihren unziemlichen Gelüsten ertappten Göttern, Riesen und Nibelungen wird er deshalb laufend als Lügner diffamiert.

Höchste Zeit also, daß Loge (*10) den Göttern aus der Bredouille hilft. Im Deal zwischen Göttern und Riesen fungiert er als der von beiden Seiten mißtrauisch beäugte Makler. Wie mit Wotan abgesprochen, hat Loge sich in der Welt umgesehen, um ein für die Riesen akzeptables Liebesgöttinnen-Surrogat zu eruieren. In Frage käme lediglich Alberichs aus dem Rheingold geschmiedeter Ring, um dessentwillen der Nibelung die Liebe verflucht habe. Kaum ist von ihm die Rede, schon übt der Ring seine dämonische Kraft aus, die, um es mit Bert Brecht zu sagen, in der belebenden Wirkung des Geldes liegt. Alle – außer die zum Tauschobjekt erniedrigte Freia – bekunden mit glänzenden Augen höchstes Interesse an dem Reif, und mit der Bitte um Rückgabe des Goldes an die Rheintöchter macht sich Loge allgemein unbeliebt. Fasolt und Fafner aber führen Freia als Pfand mit sich nach Riesenheim, um bis zum Abend in Form von Alberichs Gold Kompensation zu erhalten.

Augenblicklich müssen die Lichtalben erfahren, was es heißt, wenn die Liebe geht: Man sieht plötzlich ziemlich alt aus – wer die Liebe verkauft, dem verdorren die Lebenssäfte. Es ist Loge, der die Zusammenhänge begreift: Ohne Freia gibt es keine Äpfel, den Göttern droht Vergreisung. In einer Mischung aus Drastik und Spott führt Loge – als Elementarkraft alterslos und auf Freias Früchte ohnehin nicht angewiesen – den Göttern ihre prekäre Lage vor Augen. Wotan bleibt nichts anderes übrig, als zusammen mit Loge durch die Schwefelkluft nach Nibelheim hinabzusteigen.

Diese Fahrt hinab in Alberichs freudloses Reich wird vom Orchester in der Art einer illustrativen Klangcollage ohrenfällig. Neben wirbelnder Chromatik, klagenden Seufzern und der verzerrten Rheingold-Fanfare (*4) tritt insbesondere ein unablässig hämmernder Rhythmus, der aus einer zwerggemäßen Verkleinerung des Riesen-Motivs hervorgegangen ist, in den Vordergrund, das Schmiede-Motiv (Notenbeispiel *11).

Schließlich bleibt lediglich dieses maschinenhafte Gehämmere, erzeugt auf achtzehn Ambossen, übrig: Nicht allein ein Vorgriff auf die mit Alltagsgeräuschen operierende Musique concrète des 20. Jahrhunderts, viel mehr Wagners entscheidender akustischer Hinweis darauf, wann der RING DES NIBELUNGEN eigentlich spielt: zur Zeit der Industrialisierung, mitten im Manchester-Kapitalismus des 19. Jahrhunderts. In Nibelheim ein unterirdisches

Fabrikgelände zu sehen – Wagner selbst ist für solche entmythologisierende Sichtweise der beste Gewährsmann. Beispielsweise sagte er im Mai 1877 bei einer Besichtigung der Londoner Hafenanlagen zu Cosima: »Der Traum Alberichs ist hier erfüllt, Nibelheim, Weltherrschaft, Tätigkeit, Arbeit, überall der Druck des Dampfes und Nebel.«

Nibelheim als Fronstätte ausgebeuteter Arbeiter bietet damit den Bezugspunkt, um das soziale Gefüge in Wagners RING-Welt zu entfalten und mit dem des 19. Jahrhunderts kurzzuschließen: Sich erhebend über einem Naturgrund, dessen allegorische Repräsentanten Elementarwesen wie etwa die Rheintöchter und Loge sind, fungieren die Lichtalben darin als quasi-monarchische oberste Ordnungsinstanz. Die burgenbauenden Riesen stehen für den Adelsstand, die Nibelungen für die Arbeiterklasse. Fehlt noch das Bürgertum, das in der Tetralogie von den menschlichen Geschöpfen repräsentiert wird; in der WALKÜRE werden sie zum ersten Mal ins Spiel kommen.

Nach Ausblendung des Fabriklärms erleben wir den Unternehmer Alberich sozusagen beim Elchtest. Er überprüft seine neueste Erfindung – den Tarnhelm, den sein Bruder Mime hat schmieden müssen und nun nicht heraus-

Der Tarnhelm – Lug und Trug ermöglichende Verwandlungsmütze

Schon Alberichs Namensgeber aus dem NIBELUNGENLIED führt den Tarnhelm (Motiv *12a) mit sich, dessen harmonisch instabile Klangchiffre in geheimnisvollem Piano erklingt. Wenn sich Alberich zuerst in einen Drachen, dann in eine Kröte verwandelt, sind beider Motive daraus abgeleitet. In SIEGFRIED wird außerdem der unter der Kraft des Tarnhelms zum Lindwurm transformierte Fafner das Drachen-Motiv (Notenbeispiel *12b) übernehmen.

rücken will. Denn zwar hat Mime dessen Wichtigkeit erkannt. Weil er aber lediglich ausführende Hand von Alberichs peniblen Anweisungen war (im Marxschen Sinne also selbstentfremdet arbeitete), blieb ihm die Funktion des Geschmeides verborgen. Darüber erhält er nun, Familienbande sind seit Alberichs Machtantritt im Zeichen des Rings gekappt, schmerzhafte Belehrung.

Mit übergestreiftem Tarnhelm verwandelt sich Alberich in »Nacht und Nebel«, züchtigt wegen des mißglückten Betrugsversuchs den unter unsichtbaren Hieben kläglich sich krümmenden Bruder und zieht triumphierend von dannen. Der gestaltenwandelnde und unsichtbar machende Tarnhelm wird zum Terrorinstrument, das Alberich zur Dauerüberwachung seiner goldschürfenden und -verarbeitenden Arbeitssklaven zweckdienlich ist.

Mime, dem selbstbestimmten Handwerkerdasein des Nibelungenvolkes vor Alberichs Machtergreifung nachweinend, läßt sich von Wotan und Loge über die trostlosen Zustände in Nibelheim und den Tarnhelm aushorchen. Wie vollständig Mimes Persönlichkeit durch Mißhandlung zum einen, durch Rache- und Ringgelüste zum andern zerstört wurde, wird sich später in SIEGFRIED zeigen.

Alberich wiederum spielt sich vor den ungebetenen Gästen als neureicher Parvenue auf. Seinen Ring küssend, scheucht er mit wüsten Drohungen die eingeschüchterten Nibelungen zur Maloche, den Eindringlingen vor Augen führend, wer hier unten Herr im Hause ist. Alberichs anfängliches Mißtrauen – vor allem Loge ist ihm aus grauer Vorzeit als unbeständiger Partner und feuerspendender Miterfinder der Schmiedekunst noch in schlechter Erinnerung – weicht aber alsbald einer prahlsüchtigen und dummdreisten Redseligkeit. Allzu sicher ist er sich seines Erfolgs. Und so deckt Alberich den Göttern sein größenwahnsinniges Zukunftsprojekt auf: eine weltumspannende Diktatur von Goldes Gnaden mit ihm an der Spitze. In ihr würde die libidinöse Besetzung des Geldes, die sich in der perversen Geste des Ringkusses manifestiert hat und Frucht von Alberichs Liebesverzicht ist, zwangsläufig zur Handlungsmaxime aller werden. Denn mit den von den Nibelungen gehobenen Schätzen wolle er sich die nach dem Golde gierende Welt kaufen.

Ja, selbst die Götterfrauen, die ihn, den Underdog, bisher immer hätten abblitzen lassen, könne er sich mit den Schätzen zur Befriedigung seiner Lust gefügig machen. Verständlich, daß Wotan, instinktiv angewidert, seinen Abscheu nicht unterdrücken kann. Obzwar selbst ein Mann der Macht, ist ihm Alberichs egoistischer, sich über das Glücksstreben aller Übrigen hinwegsetzender Herrschaftsentwurf eine Horrorvision. Und so ist es nur recht und billig, diesem gemeingefährlichen Gernegroß das Handwerk zu legen.

Wozu es der List – also Loges – bedarf. Alberichs Großmannssucht geschickt ausnutzend, lenkt Loge das Gespräch auf den Tarnhelm. Weil Alberich nicht als Prahlhans gelten will, gibt er ein Beispiel seiner Verwandlungskunst. Der Zwerg bläht sich unter dem Tarnhelm auf zum »Riesenwurm«: ein Zeichen seiner Selbstüberschätzung. Loges geheucheltes Erschrecken für bare Münze nehmend und Wotans abschätziges Gelächter über die Zauberposse als Kompliment auffassend, läßt sich der Wichtigtuer dazu überreden, zur Kröte zusammenzuschrumpfen. So klein und mickrig haben die Götter ihn haben wollen: Wotan setzt den Fuß auf das dröge dahinkriechende Amphib, Loge packt den Tarnhelm. In seiner wirklichen Gestalt wird Alberich zappelnd und gefesselt nach oben verschleppt, wobei das Orchesterzwischenspiel wieder an der vom Hämmern der Ambosse erfüllten Schmiede-Etage vorbeiführt.

Oben angelangt, wird Alberich von den Göttern schrittweise wieder zum Habenichts herabgestuft. Zunächst muß er mit Hilfe des Ringes die Nibelungen zur Auslieferung des Schatzes heraufrufen. Ein letztes Mal reckt nun Alberich den Ring gegen die nach Erledigung ihrer Arbeit verängstigt davonstiebenden Knechte: nur noch eine leere Drohung, mit der der gebundene Fronherr von der Schmach seiner eigenen Ohnmacht ablenken will. Ebenso muß er hinnehmen, daß Loge die Rückgabe des Tarnhelms verweigert. Doch hält sich hier wie dort Alberichs Empörung über die Zwangsenteignung in Grenzen. Denn Hort und Helm können neu beschafft werden, solange es nicht an den Ring, die unersetzliche Quelle seiner Macht, geht.

Erst als es soweit ist, verliert Alberich die Fassung. Und wüßten wir nicht um seine Schreckensherrschaft, der Nibelung gewänne unsere Sympathie, als Wotan im Tonfall heiligster Entrüstung mit den Ansprüchen der von Alberich beraubten Rheintöchter seine ureigene Gier nach dem Ring zu bemänteln versucht. Vergeblich erbost sich Alberich über Wotans Scheinheiligkeit, nutzlos ist seine Warnung: »An allem, was war, ist und wird, frevelst, Ewiger, du, entreißest du frech mir den Ring!« In einem Akt nackter Gewalt reißt Wotan den Ring an sich, »gräßlich aufschreiend« bricht Alberich zusammen. Mit dem resignativen Motiv (*5b) gesteht er, »der Traurigen traurigster Knecht«, sich seine Niederlage ein.

Und während Wotan in der Pose eitlen Machtgebarens verharrt und das Beutestück »wohlgefällig« begutachtet, bindet Loge Alberich los. Der aber belegt mit dem Ingrimm des Verzweifelten und in einer Haßtirade ohnegleichen den Ring mit einem Fluch (*13): Not und Tod werde

Alberichs Fluch auf den Ring

Schon im eddischen Lied vom Drachenhort belegt Alberichs
Vorläufer, der Zwerg Andvari, seinen geraubten Ring mit
einem Unglücksfluch. Für das Verständnis von Alberichs
Fluch ist entscheidend, daß es sich um keine Behexung des
Ringes handelt: Denn der Ring wird ohnehin nur durch seine Anerkennung als Herrschafts-Insignium wirkungsmäch-
tig; sie allein knüpft das Band zwischen dem Besitzer und
den Beherrschten, weil diese ebenfalls nach dem Ring streben. Aufgrund der allgemeinen Habgier ist dem Ring seine
verderbenbringende Kraft also längst eigentümlich, noch
bevor Alberich in seinem Fluch die Konsequenzen aus solcher Habsucht aufzeigt: nämlich Neid und Zwietracht stif-
ten, so daß der Besitz des Ringes nutzlos ist, weil der Besitzer
in Angst vor Beraubung und Tod ein freudloses Dasein
fristet (Notenbeispiel *13).

der Reif von nun an seinen Besitzern bringen, bis er in seine, Alberichs, Hand zurückgekehrt sei. Wutschnaubend
macht sich der gestürzte Zwingherr der Nibelungen davon; in SIEGFRIED und in der GÖTTERDÄMMERUNG werden
wir ihm wiederbegegnen.

Für die im Geleit der Riesen zurückkehrende Freia, die
von ihren göttlichen Geschwistern mit einer aus schlech-
tem Gewissen gespeisten, überschwenglichen Herzlichkeit
empfangen wird, liegt damit alles zur Auslösung bereit.
Auf Anweisung Fasolts muß Freia nun als lebende Meß-
latte herhalten, um vollständig vom Nibelungengold be-
deckt zu werden. Als alles Gold verbraucht ist, erzwingt
das Durchschimmern ihres Haares die Verdeckung durch
den Tarnhelm. Und als Freias Blick dem liebeskranken
Fasolt durch einen Spalt noch entgegenstrahlt, soll der
Glanz ihres Augensterns durch den Ring an Wotans Finger

zum Verlöschen gebracht werden. Wotan aber verweigert störrisch dessen Herausgabe,

Loges Belehrung über das Recht der Rheintöchter an dem Ring genauso beiseite wischend wie die dringenden Ermahnungen der Familienmitglieder. Schon scheint Freia endgültig an die Riesen verloren, als sich plötzlich der Boden auftut. Ihm entsteigt, durch »höchste Gefahr« aus ihrem wissenden Schlaf aufgeschreckt, »bis zu halber Leibeshöhe« Erda (*14). Aus Erda tönt gleichsam die Stimme der gegen Schändung sich verwahrenden Natur, als sie Wotan eindringlich vor der Pervertierung seiner Herrschaft durch das Beharren auf den fluchbelasteten Ring warnt. Sie kündigt den Lichtalben ihr Ende (*15) an und Wotan, während sie wieder versinkt, ein Regieren »in Sorg' und Furcht«.

Erda – Urmutter und Stimme der Natur

In der Seherin des altnordischen VÖLUSPA-Liedes hat Erda ihre Vorläuferin. Ihr Leitmotiv (Notenbeispiel *14) ist die Moll-Ausprägung des in Dur stehenden Natur-Motivs. Damit ist das weibliche Tongeschlecht hier ein Signum für Mütterlichkeit, für die bewahrenden Kräfte der Natur. In diesem Sinne ist Erda Weltseele und Urmutter, allwissend, ewig und unabhängig von der Zeit. In ihren urerschaffenen Töchtern – den für Vergangenheit, Gegenwart und Zukunft stehenden Nornen – hat Erda die Zeit geboren. Ein anderes ihrer in der Zeit befangenen Kinder wird die mit Wotan gezeugte Brünnhilde sein, danach wird der Gott Erda in SIEGFRIED noch einmal aufsuchen. Den Weltenlauf läßt sie schlafend und träumend geschehen. Erst als Wotans Hybris die Welt an den Rand des Abgrunds bringt, greift Erda, einspruchserhebend, in die Zeitläufte ein und sagt den Göttern ihr Ende voraus, wobei sich Erdas Motiv zu dem der Götterdämmerung (Notenbeispiel *15) umkehrt.

Wotan will ihr nach, wird aber von der – vielleicht eifersüchtigen – Gattin und von Froh zurückgehalten. Donner hält die Riesen auf, und endlich ringt sich Wotan zum Verzicht auf den Ring und den Rückkauf Freias durch. Und alsbald erweist sich der verderbliche Einfluß des Ringes: Die Riesen geraten über den Schatz in Streit; als Fasolt nach dem Ring greift, wird er von Fafners paukenverstärkter Keule niedergestreckt. Wie eine böse Erinnerung droht Alberichs Fluch (*13) aus dem Orchester, die Götter stehen betroffen und Wotan – nach Belehrung durch Erda – in tiefem Grübeln. Donner und Froh verscheuchen die Beklommenheit durch eine Einweihungszeremonie für die Burg von wahrhaft göttlicher Imposanz. Mit »Heda!« und »Hedo!« ruft Donner ein Gewitter herbei, das blitzend und donnernd im krachenden Schlag seines Hammers kulminiert, wonach Froh eine in sechsfachem Harfenschlag und Geigenflimmern schimmernde Regenbogenbrücke hinauf zur Götterburg schlägt.

Zunächst sind die Lichtalben »sprachlos in den prächtigen Anblick« der im Glanz der abendlichen Sonne liegenden und vom Walhall-Motiv umtönten Burg verloren, bis

Wotans großer Gedanke: ein Heldenschwert zur Götter-Rettung

Wotans »großer Gedanke«, der sich musikalisch als strahlende Trompeten-Fanfare darstellt (Notenbeispiel *16), beinhaltet die Zeugung eines von den Göttern und damit von Wotans Vertragspflichten unabhängigen Helden, der aus eigenem Antrieb den Ring gewinnen solle: sein in der WALKÜRE auftretender Sohn Siegmund. Dort aber verknüpft Wagner die Trompetenfanfare mit jenem verhängnisvollen Schwert »Notung«, das Wotan Siegmund zugespielt hat und wodurch er Siegmunds Tod verschuldet.

er – signalisiert durch ein neues Leitmotiv – »wie von einem großen Gedanken ergriffen« (*16) in feierlichem Entschluß dem Prunkbau einen Namen gibt: Walhall. Wie für Fricka, so für uns ein Namensrätsel, dessen Auflösung erst eine Oper später erfolgen wird.

Loge sinniert indessen über seine Abkehr von den dem Untergang geweihten Lichtalben. Deren Verblendung fügt sich Loge noch ein letztes Mal, indem er sich zum Hofnarren machen läßt, weil Wotan die feierliche Inbesitznahme Walhalls nicht durch die heraufklagenden Rheintöchter gestört wissen will. Sollen sie sich doch, so läßt Loge die Mädchen wissen, über den Verlust des Rheingoldes mit dem neuen Glanz der Götter hinwegtrösten. Bevor aber unter dem Bombast von Schwert-Fanfare, Regenbogenmusik und festlichem Klingklang zum Einzug der Götter in Walhall der Vorhang fällt, geben die verspotteten Naturkinder denen da oben Bescheid: »Falsch und feig ist, was dort oben sich freut!« Noch am Vorabend seines Todes bekundete Wagner, nachdem er das Klagelied der Rheintöchter am Klavier angeschlagen hatte, seine Sympathie mit den Mädchen: »Ich bin ihnen gut, diesen untergeordneten Wesen der Tiefe, diesen sehnsüchtigen.«

Erster Tag: Die Walküre

Spieldauer: zirka viereinhalb Stunden
Siegmund – Tenor, Hunding – Baß, Wotan – Baßbariton,
Sieglinde – Sopran, Fricka – Mezzosopran, Walküren:
Gerhilde, Grimgerde, Helmwige, Ortlinde, Roßweiße,
Schwertleite, Siegrune, Waltraute – Sopran, Mezzosopran,
Alt

»Stürmisch«, so Wagners Spielvorschrift, setzt das Orche-
stervorspiel zum ersten Tag des Bühnenfestspiels ein: ner-
vöses Tremolo, hastende Bässe, d-moll. Alsbald gellende
Bläsersignale, dann die noch vom Vorabend bekannten
Heda-, Hedo-Rufe im Blech: Ein Gewitter tobt vorüber,
entlädt sich in Blitzen und Donnergrollen und treibt zu
nächtlicher Stunde einen erschöpft zusammenbrechenden
Flüchtling in ein fremdes Haus.
   Noch weiß er nicht, daß seine Flucht vom Kampfplatz
ihn geradewegs in die Höhle des Löwen geführt hat. Der
um eine imposante Esche herumgezimmerte Wohnraum
ist nämlich Hundings gute Stube. Hunding jedoch ist der
Clanchef der Neidinge, deren Übermacht unser Fremder
unter Verlust seiner Waffe hat weichen müssen. Wo aber
Gefahr ist, wächst das Rettende auch: Eine Frau bemüht
sich um den Entkräfteten und reicht ihm Wasser. Ihre
Blicke begegnen sich, das Solo-Cello ahnt die Liebe zwischen den beiden voraus. Schon hier wird erfahrbar, wie die
Musik den Betrachter zu einer vom RHEINGOLD sich unter-
scheidenden Perspektive anleitet. Verfolgte er dort das Geschehen zwar mit gespannter Aufmerksamkeit, aber mei-
stens wie ein von außen zuschauender Beobachter, so fühlt

Die Wälsungen – eine Liebe jenseits von Recht und Sitte

Stammvater und Namensgeber des Wälsungengeschlechts ist Wotan, der unter dem Pseudonym Wälse mit einer Menschenfrau das Zwillingspaar Siegmund und Sieglinde, die Eltern Siegfrieds, zeugte. Ihre Namen haben sie aus dem NIBELUNGENLIED von den unverschwisterten Erzeugern Sigfrids. Hauptquelle zur WALKÜRE ist aber die skandinavische VÖLSUNGASAGA, die Wagner stark rafft und verdichtet. Wie im Notenbeispiel (*17) sich Celli- und Geigenphrase ineinanderschmiegen, so finden auch Siegmund und Sieglinde zueinander. Wagner entwickelt ein ganzes Repertoire differenzierter leitmotivischer Gedanken, um die zwischen fatalistischer Resignation und trotzigem Aufbegehren sich entfaltende Gefühlswelt des Wälsungenpaares auszuleuchten. Insbesondere ein heroischer Gedanke aus diesem Motivbestand wird in der Tetralogie mehrfach aufgegriffen, das Wälsungen-Motiv (*18).

sich der Hörer nun durch Identifikation mit den beiden Figuren zu parteilicher Stellungnahme veranlaßt; deren Sichtweise wird auch die seine.

»Hundings Eigen« nennt sich die Frau, als wäre sie irgendein Sachgegenstand im Besitz ihres Mannes; und während sich über einem nun mit Met gefüllten Trinkhorn ihr Blick mit dem des Gastes abermals trifft, scheint das Paar in beredtem Schweigen den Liebesbund schon zu besiegeln, würde der Fremde nicht plötzlich wieder aufbrechen wollen: Sein Leben stünde unter einem Unstern, vor dem er sie bewahren wolle. Erschüttert aber wendet er sich zurück, als sie ihm nachruft: »Nicht bringst du Unheil dahin, wo Unheil im Hause wohnt!« Gemeinsam erwarten sie die Heimkehr Hundings.

Obgleich die Ähnlichkeit zwischen seiner Frau und dem Gast Hundings Mißtrauen schärft, gibt er sich zunächst als Ehrenmann. Es gilt das Gastrecht, gemeinsam wird gegessen. Die Gesprächskonstellation ist jedoch äußerst heikel. Hunding vermutet in dem Unbekannten – zu Recht – jenen Flüchtigen, der seinen Leuten entkommen ist. Der wiederum ist sich schnell darüber im klaren, daß er im Hause seines Feindes zu Abend speist und will deshalb stumm und inkognito bleiben. Doch die Fragen von Hundings Frau drängen ihn, seine Identität offenzulegen. Obwohl namenlos, nennt er sich – den andern zur Warnung – Wehwalt. Sicherheitshalber verschweigt er allerdings den Vater Wälse und gibt sich als Sohn Wolfes aus.

Weshalb aber bedrängt die Wirtin den Gast überhaupt mit ihrem Gefrage? Merkt sie denn nicht, wie sie Wehwalt ihrem Ehemann ans Messer liefert? Sie hat keine andere Wahl. Dieses Gespräch ist ihre einzige Chance, herauszube-

Hunding: Spießer in altgermanischer Bärenfell-Verkleidung

Für Wagner ist Hunding – der Germanen-Verkleidung ungeachtet – ein Mann des (spieß)bürgerlichen Establishments, das seine zwar fragwürdigen, dennoch aber legalen Machtvorteile aus dem von den Göttern verfügten Sitten- und Rechtskodex gewonnen hat. In diesem Sinne ist Sieglindes ungeliebter Gatte die personifizierte Selbstsicherheit. Demgemäß prägt »sehr gemessen und bestimmt« eine unter dem Deckel gehaltene Brutalität Hundings vom tiefen Blech intonierten Signalruf (*19), vor dessen bloßem Klang Sieglinde zusammenschreckt. In Wagners Vorlage, der VÖLSUNGASAGA, ist Hunding der erschlagene Vater einer Schar von Söhnen, gegen die Si(e)gmund in seinem letzten Kampf fällt.

kommen, ob der Gast derjenige ist, den sie erhofft: nämlich der Bruder, der sie aus ihrer verhaßten Ehe mit Hunding befreien möge. Sie spürt, wie ihre und die Lebensgeschichte Wehwalts sich wie ein Puzzle ineinanderfügen würden, hieße dessen Vater nicht Wolfe. Berichtet Wehwalt nicht von ihrem eigenen Unglück, als er von der Ermordung der Mutter und dem spurlosen Verschwinden der Zwillingsschwester erzählt? Nach Wehwalts Schilderung seiner kampferfüllten Jugend unter der Obhut des allseits in Fehde liegenden, plötzlich verschollenen Vaters gibt Wagner dem Hörer mit dem Walhall-Motiv (*6) einen Hinweis, wer dieser Vater eigentlich ist: niemand anderes als Wotan.

Mit der Erzählung über seinen letzten Kampf, in dem er ein Mädchen aus der Sippe der Neidinge vor Zwangsverheiratung schützen wollte, rührt Wehwalt zwar die unter ebendiesem Schicksal leidende Gastgeberin. Hunding jedoch weiß nun, mit wem er es zu tun hat: Um dem Gastrecht Genüge zu tun, erschlägt er den Feind seiner Sippe nicht gleich, sondern bestimmt den nächsten Tag zum Duell, allerdings mit dem Hintergedanken, Wehwalts Wehrlosigkeit auszunutzen.

Damit aber entlarvt sich der Biedermann als feiger Gewaltmensch. Seine Frau scheucht er, ohne auf die liebe Gewohnheit des Schlummertrunks verzichten zu wollen, ins Schlafgemach. Deren Blick versucht »mit sprechender Bestimmtheit« den Gast auf eine Stelle am Eschenstamm hinzuweisen, während die Baß-Trompete mit dem Schwert-Motiv (*16) den Hörer darüber aufklärt, daß darin eine Waffe steckt. Unser Held hingegen bleibt, noch immer geblendet vom »Blick der blühenden Frau«, begriffsstutzig und resümiert in einem inneren Monolog seine fatale Lage. Verzweifelt nach dem Vater Wälse rufend, verlangt er nach der Waffe, die dieser ihm für den Fall »höchster Not« verheißen habe. Selbst als deren Griff zum Klang der ersten Trompete im Feuerschein abermals aufglänzt, begreift er noch nicht.

Um ihm auf die Sprünge zu helfen, bedarf es eben der Rückkunft der Gastgeberin, die vorsorglich Hundings Schoppen zu einem nun seine sedierende Kraft ausübenden Betäubungstrank umgebraut hat. Jetzt ist es an ihr zu berichten: von ihrer traurigen Hochzeit mit Hunding, an den Schächer sie verschenkt hatten. Damals unterbrach ein seltsamer Auftritt das hochzeitliche Festbesäufnis. Ein Greis – an dessen einäugigem Blick die Erzählerin den Vater erkannte und den der aufmerksame Hörer wieder über das Walhall-Motiv mit Wotan identifiziert – war eingetreten und stieß ein Schwert in den Stamm der Esche. Dem sollte es gehören, der es wieder herausziehen könne, was bis dato niemandem gelang. Sie aber wisse, wem die Waffe bestimmt sei: ihrem Retter in der Not. Aller Jammer über die in Hundings Ehehölle erlittenen Demütigungen bricht nun aus ihr heraus, alle Hoffnung auf den neugewonnenen Freund, der sie, die durch Vergewaltigung entehrte »ärmste Frau«, eine »Edle« nennt und in die Arme schließt, während das Blech kämpferisch den Beginn des Wälsungen-Motivs (*18) intoniert.

Und nun geschieht ein zweifaches Wunder – ein szenisches und ein musikalisches. Die Haustür springt auf, der Vollmond leuchtet herein, »der Lenz lacht in den Saal«, und der Arien-Verächter Wagner legt seinem Tenor in bester Belcanto-Manier einen veritablen Opern-Hit in den Mund: »Winterstürme wichen dem Wonnemond«. Ist dem sangeskundigen Helden dabei das türensprengende, geschwisterliche Zueinanderstreben von Liebe und Lenz noch ein poetisches Mittel zur Brautwerbung, so überträgt die Geliebte das metaphorische Bild ins Wörtliche und leitet damit die Wiedererkennung der Geschwister ein. Blick, Gesichtszüge, ja sogar der Klang der Stimmen scheinen ihnen ähnlich, wecken Erinnerungen. Als sich schließlich »Wolfe« als ein Pseudonym für »Wälse« entpuppt, hat sie endlich Gewißheit: Sie hält den Bruder in den Armen.

Gemäß ihrer Zuversicht gibt sie ihm den Namen Siegmund. Der wiederum greift nach dem Schwert und spricht sich Mut zu, wobei er wie eine Gebetsformel jenes vieldeutig-ernste Leitmotiv (*5a) aus dem RHEINGOLD intoniert, das dort mit Liebesentsagung in Zusammenhang stand. Siegmund tauft die Waffe nach der Dringlichkeit, sie zu besitzen, »Notung«, und der wortgezeugte Oktavsprung nach unten gilt von da ab als eines von Notungs musikalischen Markenzeichen. Das andere bleibt die Schwert-Fanfare, die in gleißendem Fortissimo erstrahlt, als Siegmund »mit einem gewaltigen Zuck« das Schwert dem Stamm entreißt. Jubelnd reicht er es als Brautgabe der Geliebten, die sich ihm erst in diesem Augenblick höchsten Triumphes als seine Zwillingsschwester Sieglinde offenbart. Wo aber Heroen liebesentbrannt aufeinandertreffen, fordert die menschliche Natur ihr Recht, seien sie auch Bruder und Schwester, und das Inzest-Tabu wird vom Sturm der Leidenschaft hinweggefegt. »Der Vorhang fällt schnell.«

Das Vorspiel zum 2. Akt beginnt mit der Fluchtmusik des Wälsungenpaares und kippt zum Zeichen des Szenenwechsels in einen kriegerischen Reiterrhythmus. Posaunen und Baßtrompete trumpfen mit dem Walkürenthema auf. Gleich wird Wotan seine Lieblingstochter Brünnhilde anweisen, Siegmund im Kampf gegen Hunding zum Sieg zu verhelfen.

Die Verschränkung von Götter- und Heldensphäre ist also Inhalt dieses in wildem Felsengebirge sich abspielen-

Die Walküren – Wotans Amazonen-Generäle

Aus Pferdegetrampel scheint ihr Leitmotiv (*20) hervorgegangen zu sein, und im »Walkürenritt«, der furiosen
Eröffnung des dritten Aktes, wird es zu exzessiver Entfaltung
kommen. Walküren sind nach der germanischen Mythologie göttliche »Schildmaiden«, die in der Schlacht die
kühnsten Helden auswählen und nach deren Tode in das
Kriegerparadies Walhall geleiten. Dort halten »Wunsch-
mädchen« die Recken bei Laune. Am Tage der Götterdämmerung sollen die Helden zu ihrem letzten Kampf antreten:
gegen die Mächte der Finsternis. Bei Wagner also, falls
Alberich seinen Ring wieder zurückerlangen sollte. Damit
steht Walhall für eine Aufrüstungs-Kampagne. Die Walküren, von Wotan allesamt in wilder Ehe gezeugt, sind darin
ausführende Organe zur Rekrutierung von Wotans Präto-
rianer-Garde und tragen gemäß ihres »Berufes« allesamt
kriegerische Namen: Gerhilde, Helmwiege, Waltraute,
Schwertleite, Ortlinde, Siegrune, Grimgerde, Roßweiße und
nicht zuletzt Brünnhilde.

den Aufzugs. Zwei Katastrophen werden daraus entstehen.
Zunächst aber hören wir das martialische Entrée der
Schlachtenjungfrau mit »Hojotoho« und »Heiaha«: Brünnhildes Kampfesjauchzen, das durch einen spöttischen Hinweis auf die zornig herannahende Fricka unterbrochen
wird, signalisiert Zustimmung zu des Vaters Order. Was
nach Brünnhildes Abgang zwischen Fricka und Wotan aus-
getragen wird, ist ein handfester Ehekrach, allerdings in
der Dramaturgie des RINGS von weltbewegenden Konsequenzen. Den Anlaß gibt der Liebesroman der Wälsungen,
und der erfährt nun nach dem Maßstab des von den Lichtalben garantierten Sittengesetzes – das auf verblüffende
Weise mit den Moralvorstellungen der bürgerlichen Gesellschaft übereinstimmt – seine Bewertung.

Die brisante Note dabei: Die Göttin der Ehe tritt gemäß ihrer Funktion als Anwältin des gehörnten Hunding auf, und gleichzeitig spricht sie in eigener Sache – als betrogene, außerdem von Kinderlosigkeit geschlagene Ehefrau. Zutiefst gekränkt durch Wotans notorische Untreue und Fruchtbarkeit, hält sie ihm eine Gardinenpredigt, als wäre sie bei Wagners erster Frau Minna in die Lehre gegangen. Weshalb aber gerade jetzt dieser Sturm der Entrüstung? Weil es um nichts weniger als Frickas offizielles Ansehen geht. Mochten die aus »wilder Minne Bund« hervorgegangenen Walküren durch ihre Jungfräulichkeit der Wotan-Gemahlin noch Respekt zollen, so sieht Fricka nun durch das ehebrecherische, dazu blutschänderische Treiben von Wotans Wälsungenkindern ihre göttliche Autorität vor aller Welt in den Staub getreten.

Noch aber macht Fricka gegen Wotan, der ja selbst die Ehe als Zwangsinstitut begreift, keinen Stich. Er bestreitet die Rechtmäßigkeit von Hundings gewaltsam durchgesetztem Eheanspruch. Und der alle geltenden Normen auf den Kopf stellende Inzest des Wälsungenpaares kommt Wotan gerade recht – als Zeichen anarchistischer Unabhängigkeit. Denn Siegmund – so bedeutet er Fricka – sei jener Held, »der ledig göttlichen Schutzes, sich löse vom Göttergesetz: so nur taugt er zu wirken die Tat, die, wie not sie den Göttern, dem Gott doch zu wirken verwehrt«.

Das nun ist – neben dem Walküren-Aufrüstungsprojekt – Wotans »großer Gedanke« und damit die Lösung jenes Namensrätsels aus dem RHEINGOLD, vor das Wotan Fricka mit der Benennung der Götterburg gestellt hat. Diese zweite Komponente in Wotans Abwehrstrategie gegen Alberich soll hier in einem Exkurs erläutert werden: Walhall würde nämlich fallen, wenn der Ring wieder in die Hände des Nibelungen gelangen würde. Anders als der jet-

zige Besitzer Fafner, der Ring und Hort in Drachengestalt
nur zu bewachen, nicht aber zu nutzen versteht, ist ja Alberich durchaus imstande, aus dem Ring Mehrwert zu ziehen:
Geld und Gold, mit dem der Nibelung sich sogar Wotans
in Walhall stationierte Elitetruppe kaufen könnte. Deshalb
versucht Wotan, den Ring in bessere Hände zu spielen.
Seine eigenen können es nicht sein, da für Wotan Vertragstreue gegenüber Fafner gilt. Das heißt aber: Wer Fafner
den Ring abjagen will, muß zwar im Sinne der Götter, doch
vollständig unabhängig von ihnen agieren. Solch ein freier
Held kann im Gesellschaftssystem der RING-Welt aber nur
aus dem Geschlecht der zu selbstbestimmtem Handeln
fähigen Menschen kommen. Damit sagt Wagner wiederum mit Blick auf die eigene Zeit und im Einklang mit seiner Befürwortung eines konstitutionellen Volkskönigtums,
wie sie aus Wagners Agit-Prop-Traktaten der 48/49er Zeit
herauszulesen ist: Um die Aristokratie (die Riesen) zu ent-
machten, benötigt die Monarchie (die Lichtalben) die revolutionäre Tat des eigenständig seine Interessen wahrneh-
menden Bürgertums (die Menschen).

Zwar glaubt Wotan – und damit zurück zum göttlichen
Ehekrieg – in seinem Menschensohn Siegmund diesen souveränen Helden gefunden zu haben. Darin aber hat er sich
getäuscht. Mit unbestechlicher intellektueller Schärfe weist
Fricka dem Gatten nach, daß Siegmunds Sozialisation zum
rebellischen Outcast ein einziges Arrangement Wotans
war, dessen manipulativer Höhepunkt im Gewinn des von
Wotan in Hundings Haus plazierten Schwertes lag. »Zu
tiefster Scham« von Fricka durchschaut, muß Wotan klein
beigeben und sich verpflichten, Siegmunds Siegschwert
unschädlich zu machen durch Brünnhildes Einsatz *gegen*
den Helden. Während die Siegerin Fricka wiedererhoben
zu voller Würde den Kampfplatz verläßt, erlebt Brünn-

hilde den Vater in tiefster Verzweiflung. Gepeinigt von der Erinnerung an seine Verstrickung in Schuld, dräut ihm im Orchester Alberichs Fluch (*13) entgegen.

In dieser vom Eingeständnis vollständigen Scheiterns geprägten Situation wird Wotan die innig vertraute Tochter zur Zeugin seiner in raunendem Ton einsetzenden Lebensbeichte. Beginnend mit den Anfängen von seinem Aufstieg, changierend zwischen Selbstbesinnung und Welt-Analyse, erfährt Brünnhilde in des Vaters mehr mono- als dialogisierender Rede, was sie als Leserin dieses Buches im RHEINGOLD-Kapitel nachlesen könnte. Darüber hinaus beschreibt Wotans Bilanz seine Wandlung vom leichtsinnigen Polithasardeur zum verantwortungsbewuß-

Wotan – der traurige Gott

So nennt ihn Peter Wapnewski. Und als Fricka im Ehestreit Oberwasser bekommt, tönt aus dem Klage-Motiv (*21) Wotans Trauer. Die Ursache seiner Verzweiflung? Der Politiker Wotan ist ein Opfer seiner eigenen Denkweise geworden. Mit durchaus kritischem Blick sieht Wagner deshalb in Wotan »die Summe der Intelligenz der Gegenwart«, für deren Grundübel er die das Reinmenschliche korrumpierende Politik hält. Wotan glaubte, Schicksal spielen zu können und entpuppt sich nun als Knecht seiner eigenen Verträge. Eine selbstverschuldete, letztendlich in Wotans Gier nach dem RING begründete Fesselung, die ihn nun sogar zum Verrat an Siegmund zwingt. Eine Weisheit des antiken Philosophen Anaximander – von Theodor W. Adorno sogar als Vorspruch zum ganzen Ring für Wert befunden – wird damit zum Verdikt über Wotan: »Woher die Dinge ihre Entstehung haben, dahin müssen sie auch zugrunde gehen nach der Notwendigkeit, denn sie müssen Buße zahlen und für ihre Ungerechtigkeit gerichtet werden, gemäß der Ordnung der Zeit.« (Übersetzung: Friedrich Nietzsche)

ten Staatsmann. Wichtige Station darin: der Gang hinab zu Erda, die Wotan mit »Liebeszauber zwang«, ihr Wissen preiszugeben. Frucht dieser Begegnung war zum einen Wotans »Wunschmaid« Brünnhilde, zum andern Erdas Warnung vor einem schmählichen Ende der Götter, woraus wiederum Wotans eben erläuterte Doppelstrategie im Kampf gegen Alberich hervorging.

Nicht ohne Selbstmitleid und Zynismus ist aber die Konsequenz, die Wotan daraus zu ziehen gedenkt, daß er durch Frickas kluge Aufdeckung seiner Lebenslüge am Ende seines politischen Lateins angelangt ist. Er will einfach den ganzen Bettel hinwerfen. »Nur eines will ich noch: das Ende, das Ende!« ruft er pathetisch aus. Und während fahl verfärbt die Rheingold-Fanfare (*4) und das Walhall-Motiv (*6) erklingen, weiht der resignierende Herrscher »in wütendem Ekel« die Welt jemandem, dessen Erzeugung geradezu absurd erscheint: dem Sohn Alberichs. Wie »der Liebe finstrer Feind« einen Sohn zustande gebracht hat? Möglicherweise hatte Alberich vor seiner Entmachtung noch einen Notgroschen beiseite gelegt. Wie sonst hätte er sich eine schwängerungswillige Frau kaufen können? Freilich wirft dieser unappetitliche Handel auf Alberichs Geschäftspartnerin, Frau Grimmhild, kein günstiges Licht. Und als Sohn schlechter Eltern wird Hagen in der GÖTTERDÄMMERUNG ein Erzschurke sein.

War ein Zweck von Wotans Resümee, die Walküre auf Siegmunds Tod einzuschwören, so wagt Brünnhilde – nun selbst im Zwiespalt zwischen Pflicht und Neigung erstmals Widerspruch. Allein schon dadurch provoziert sie einen furchtbaren Zornesausbruch des wütend davonstürmenden Wotan, so daß sie sich selbst ratlos und traurig zum Gehen wendet. Denn die Wälsungen hasten herbei. Sieglinde eilt voraus; halb wahnsinnig vor Furcht glaubt sie, allerorten Hundings Horn zu vernehmen. Kaum kann Siegmund sie einholen. Rührend ist er um die von Selbstvorwürfen und Unwertsgefühlen gepeinigte Schwester bemüht, deren Traumatisierung durch den Vergewaltiger Hunding hier erschütternd zutage tritt. Schließlich bricht Sieglinde, in einer Angstvision Siegmunds Ende vorausahnend, ohnmächtig zusammen.

Szenenwechsel. Sehr feierlich und gemessen beginnt ein Ritual, zu dem Wagner durch ein norwegisches Skaldenlied des 10. Jahrunderts inspiriert wurde: Den Tod ihm kündend, tritt die Walküre vor Siegmund. Siegmunds Fragen, Brünnhildes Antworten folgen in ruhigem Wechsel. Der Einzug in Walhall wird ihm verheißen. »Gefallener Helden hehre Schar«, Wotan und Wälse, die Siegmund für verschiedene Personen hält, und Wunschesmädchen sollen seine Gesellschaft sein. Und Sieglinde? Für sie ist in diesem Jenseits kein Platz. Kein Paradiesort also für Siegmund! Dankend lehnt er ab. Damit aber greift das formelhafte, starre Zeremoniell der Todesweihe nicht mehr. Es wird von einem Dialog überlagert, der sich zu immer heftigerer Leidenschaft steigert.

Siegmund erfährt von der Nutzlosigkeit seines Schwertes, begreift, daß er die Schwester, deren Schwangerschaft ihm eben von der Walküre verkündet worden ist, nicht mehr schützen kann. Um Sieglinde und ihr Ungeborenes vor fremdem Zugriff zu bewahren, hebt der verzweifelte Held die Waffe gegen die schlafende Schwester. Brünnhilde fällt ihm »im heftigsten Sturme des Mitgefühls« in den Arm und beschließt, ihm kämpfend zur Seite zu stehen.

Die gegen Siegmund in Gang gesetzte Todesmaschinerie scheint außer Kraft gesetzt, erledigt von der im Glücksgefühl ihres Ungehorsams davoneilenden Walküre. Zärtlich nimmt Siegmund Abschied von der träumenden Sieglinde,

Brünnhilde – Wagners Antigone

Die Todesverkündigung ist gleichsam ein Geburtsprozeß, der die Menschwerdung der Walküre Brünnhilde einleitet. Wagner eröffnet Brünnhildes Schlüsselszene mit einem neuen Motiv, eine wie eine schicksalhafte Frage anmutende Akkordfolge. Die steht außerdem am Ende einer ebenfalls neuen, melodischen Phrase, deren ernster Klageduktus die Szene bestimmt. Im Grunde geht es um Brünnhildes Emanzipation vom Vater. Zuvor nichts anderes als »Wotans Wille«, wird Brünnhilde durch ihr Mitgefühl für Siegmund dazu getrieben, sich ebendiesem, den Tod des Helden befehlenden Willen zu widersetzen. Damit steht die inhumane Staatsräson der Götter gegen Brünnhildes reine Menschlichkeit, die von nun an ihr Schicksal bleiben wird. Solche staatsgefährdende Humanität hat Brünnhilde aber nicht von ihrer Namensgeberin aus dem Nibelungenlied, sondern von der griechisch-antiken Heldin Antigone geerbt, die sich nach Wagners Auffassung aus Liebe zum toten Bruder über das staatlich verfügte Verbot, ihn zu bestatten, hinweggesetzt hat (Notenbeispiele Schicksalsfrage *22a und Totenklage *22b).

gerufen von Hundings Stierhorn. Mit dessen Klang aber deckt Wagner Sieglindes schreckliches Kindheitstrauma auf. Denn der Ruf dieses fatalen Horns verwandelt Sieglindes Liebes- in einen Alptraum: vom gewaltsamen Tod der Mutter. Die Musik schürt damit einen grausigen Verdacht, daß nämlich Hunding damals unter den Mördern war.

In Blitz und Donner folgt nun der Showdown. Sieglinde schreckt auf und will sich zwischen Hunding und Siegmund stürzen. Brünnhilde ermuntert ihren Schützling: Walküren-Motiv und Schwert-Motiv verbünden sich. Wotan aber zerschlägt mit seinem Speer Siegmunds Schwert: die

Schwertfanfare zerschellt am Speer-Motiv. Hunding ersticht Siegmund. Sieglinde stürzt mit einem Schrei wie leblos zu Boden. Brünnhilde rafft Notungs Bruchstücke zusammen, hievt Sieglinde auf ihr Roß Grane und gibt ihm die Sporen. Stille. Vor Wotans verächtlichem Handwink sinkt Freias Knecht Hunding tot zu Boden. Wieder Stille: die Ruhe vor dem Sturm. Denn plötzlich fährt Wotan wütend auf und jagt der »Verbrecherin« Brünnhilde nach.

Mit dem Vorspiel zum dritten Akt kommt in lebhaftem 9/8-Takt der »Walkürenritt« in die Gänge, der es im Konzertsaal als gleichermaßen brillantes wie ungestümes Scherzo zu schlagerhafter Berühmtheit gebracht hat. Unter seinem Getöse fliegen die Walküren auf ihren Luftrössern ein, um sich »auf dem Gipfel eines Felsberges« zu sammeln, dem Brünnhildenstein. Dort erhält der faszinierte Betrachter Einblick in das blutige Alltagsgeschäft der »schlimmen Mädchen«, wie sie von Fricka zu Recht genannt werden. Mit durchdringendem Begrüßungsgeschrei wird die aus erschlagenen Helden bestehende Schlachtenausbeute angeliefert und unter groben Späßen und grellem Gelächter für Walhall sozusagen versandfertig gemacht. Ein ziemlich derbes Weiberkollektiv also; und als die vor Wotan fliehende Brünnhilde im Parforceritt herbeisprengt, tritt sie im Grunde schon als eine Fremde in den Kreis dieses monströsen Schwestern-Oktetts.

Von Brünnhilde in atemloser Eile auf den neuesten Stand der Ereignisse gebracht, ist es mit der geschwisterlichen Solidarität von Wotans willigen Befehlsvollstreckerinnen nicht weit her: Lediglich zu einem Wetterbericht, der nach dem klassischen Muster der Mauerschau im Aufzug eines Sturmtiefs das Herannahen Wotans vermeldet, lassen sich die Walküren erweichen. An Fluchthilfe jedoch ist überhaupt nicht zu denken! Sieglinde ist ohnehin völlig gebrochen. »Fern von Siegmund«, verlangt sie nach dem Tod. Doch Brünnhilde weiß der Trauernden neuen Lebenssinn zu geben: »Ein Wälsung wächst dir im Schoß!«

Wie ein freudiger Schock wirkt diese Botschaft auf Sieglinde. Das Überleben des Ungeborenen ist nun ihr einziges Sorgen und Trachten – und Brünnhilde ihre einzige Helferin. Die will sich Wotan stellen, damit Sieglinde währenddessen entkommen kann, am besten gen Osten, in die Nähe von Fafners Höhle, weil Wotan das Refugium seines den Ring besitzenden Vertragspartners bislang gemieden hat. Und in ruhigem, fast heiterem Ernst unterstreicht Brünnhilde, wem die Rettungsaktion gilt: dem »hehrsten Helden der Welt«, den Sieglinde »im schirmenden Schoß« trage.

Siegfried – der freieste aller Helden?

War Siegmunds Scheitern von tragischer Konsequenz, weil er von Wotan innerhalb der von den Göttern geschützten Ordnung zum Rebellen herangebildet wurde und deshalb ihren Sanktionsmechanismen verfiel, so bedeutet das für Wotans Idee vom freien Helden nun: Berufen ist nur, wer außerhalb jenes Ordnungsrahmens steht. Der Wälsungensohn Siegfried wird diese Voraussetzung erfüllen, da er jenseits aller Zivilisation im Wald heranwächst. Einerseits erhält der jüngste Wälsungensproß das Motiv vom freien Helden, mit dem Brünnhilde der schwangeren Sieglinde ihr Kind als »hehrsten Helden der Welt« angekündigt hat, zum musikalischen Begleiter (*23). Andererseits wird Wagner ihm in Siegfried einen kecken Hornruf (*26) beigeben. Mit den beiden Motiven stellt die Musik Siegfried in eine polare Spannung. Denn steht das eine für den ideellen Anspruch an den Helden als Hoffnungsträger, so steht das andere für seine Wesenswirklichkeit.

Siegmunds Vermächtnis, das zertrümmerte Schwert, solle Sieglinde für den Sohn verwahren. Und noch eines gibt die Walküre der werdenden Mutter mit auf den Weg: den Namen des Kindes. Siegfried möge es heißen. Bevor sich Sieglinde aber auf ihren beschwerlichen Weg macht, hält sie einen grandiosen musikalischen Augenblick lang inne. »In größter Rührung« dankt sie Brünnhilde für ihre selbstlose Hilfe. Gerade noch bis zu Siegfrieds Geburt werden Sieglindes Kräfte reichen. Ihr Sohn wird als Waise aufwachsen.

Den Walküren freilich sackt bei Ankunft des zürnenden Vaters das Herz vor Angst in die Rüstung. Ebensowenig macht Wotan eine gute Figur. Denn die Musik schaut sozusagen hinter die Drohkulisse seiner cholerischen Ausbrüche und spürt dahinter einen frustrierten, vereinsamten, alles andere als souveränen Herrschergott auf. Als Ankläger und Richter in einer Person konfrontiert er die Tochter, die sich zunächst aus Furcht um Leib und Leben hinter ihren Schwestern versteckt gehalten hat, mit einem

Sieglindes prophetischer Blick auf Brünnhilde

Das musikdramatische Psychogramm Sieglindes ist sicher eine der eindrucksvollsten Leistungen des Seelenforschers Wagner. Schlichtweg genial aber ist, daß er gerade dieser leidgeprüften Frau die tiefste Einsicht in menschliche Größe gibt. Hellsichtig erkennt Sieglinde in Brünnhildes Opferbereitschaft das innerste Wesen der Wotantochter, und sie dankt ihr zu den Worten »O hehrstes Wunder! Herrliche Maid!« mit einer emphatischen Melodie. Erst zum Schluß der GÖTTERDÄMMERUNG wird »Sieglindens Lob-Thema«, so Wagner, wieder erklingen. Hier wie dort eine Verherrlichung von Brünnhildes selbstloser, uneigennütziger Liebe (Notenbeispiel *24).

umfänglichen Sündenkatalog, der vielfältig bebildert, was im Grunde ein einziges Vergehen ist: Brünnhildes Ungehorsam. Weil sich darin die Abkehr der Tochter vom Vater manifestiert, ist die von Wotan ins Auge gefaßte Strafe letztlich nur eine Bestätigung dieses Bruchs: Gemäß ihrer menschlichen Gefühlsanwandlung soll Brünnhilde entgöttlicht aus Walhall verstoßen sein. Mit Blick auf die Gesellschaftsordnung des RINGS kommt das einer sozialen Deklassierung gleich, denn durch die Verbannung aus dem Kreis der Götter wird die Monarchentochter sozusagen zwangsverbürgerlicht.

Unfair ist allerdings der von Wotan verfügte Strafvollzug, der sogar Brünnhildes bisher so feige Schwestern zu lautstarkem Protest veranlaßt. Versenkt in »wehrlosen Schlaf« soll Brünnhilde nämlich demjenigen gehören, »der am Wege sie findet und weckt«. Solche Erniedrigung, die in Wotans Spottbild von Brünnhilde als Heimchen am Herd gipfelt, läßt zum einen die Verurteilte vor Scham zusammensinken. Zum andern bricht Wotan damit den Widerstand der übrigen Walküren, denen er bei Fortführung ihres Zwergenaufstands gleiches Los voraussagt und weiteren Kontakt zur Schwester rigoros verbietet. Unter Wehgeschrei hebt sich das Walküren-Geschwader in die Lüfte, einzig Waltraute werden wir in der GÖTTERDÄMMERUNG wiedersehen.

Nach dem Abzug der Walküren ist endlich die Bühne frei für einen Dialog zwischen Vater und Tochter auf gleicher Augenhöhe. Die Ereignisse des zweiten Aufzuges reflektierend, setzt Brünnhilde – gestützt auf einen ebenso edlen wie schlichten Holzbläsersatz mit Oboe und Englischhorn als Leitinstrumenten – zu ihrer Verteidigung an. Weniger gegen ihre Entgöttlichung und Verstoßung, vielmehr gegen ihre Demütigung argumentiert sie. Durch sie nämlich sieht Brünnhilde die Untadeligkeit ihrer Handlung in Abrede gestellt. Und spätestens das selige Bekenntnis ihres Mitgefühls, das sie für Siegmund während der Todesverkündigung überkommen hat, verrät Wotan, daß er es mit einer unverbesserlichen Gesinnungstäterin zu tun hat. Das mildert zwar seine autoritäre Pose, bekräftigt aber die Unvereinbarkeit seines und ihres Standpunkts und bestätigt, daß Vater und Tochter am Ende eines gemeinsamen Weges angekommen sind.

Nur selbstverantwortliches Handeln kann Brünnhilde also davor bewahren, einem »feigen Prahler« preisgegeben zu werden. Deshalb lenkt sie das Gespräch auf die Wälsungen und – zum piano-intonierten Motiv vom freien Helden (*23) – auf deren jüngsten Sproß. Vorerst noch zu Wotans Unwillen. Und so entwirft Brünnhilde in »heil'ger Angst« vor ihrer Herabwürdigung zum Freiwild für Männer ein feuriges, durch Loges schillernde Motive klangsinnlich ausgemaltes Schreckensszenario, durch das der Vater sie vor unberufenen Freiern schützen soll. Damit hat sie Wotan überzeugt, genau so wird er es machen.

Nun ist Abschied angesagt, Wotans schmerzlicher Verzicht auf sein erwachsen gewordenes, »kühnes herrliches Kind«, dem er nichts weniger verdankt als eine neue Hoffnung. Deren akustisches Fanal ist das Thema vom freien Helden, das Wotan zu den Worten aufgreift: »Denn einer nur freie die Braut, der freier als ich, der Gott!« Damit deutet sich schemenhaft an, worauf Wotan von nun an sinnen wird, daß nämlich die weltkluge Brünnhilde im Verein mit dem tatkräftigen Siegfried ihn beerben und den Fluch des Ringes lösen werde.

Während des letzten Lebewohls haben sich alle Konflikte gelöst. In zartesten Farben und sanftem Lyrismus beschwört die Musik die Versöhnung zwischen Vater und

Tochter. Ein wiegenliedartiges Schlummer-Ostinato hebt an, es erklingt das Motiv vom Liebesverzicht (*5a) aus dem RHEINGOLD. Indem er Brünnhilde auf die Augen küßt, nimmt Wotan die Gottheit von ihr. Zu chromatisch gleitenden Harmonien sinkt sie in den Schlaf. Mit dem Speer und dem zugehörigen Motiv im tiefen Blech zitiert Wotan Loge in seiner elementaren Ausprägung zu sich. Und was nun heraufzüngelt, ist Wagners tonmalerisches Meisterstück, der Feuerzauber. Sein Funkeln und Glitzern verbindet sich mit dem Schlummer-Ostinato, und Wotan ruft, den Speer wie zum Banne erhoben und unterstützt von Hörnern und Baßtrompete, noch einmal den freien Helden herbei: »Wer meines Speeres Spitze fürchtet, durchschreite das Feuer nie!« In machtvollem Unisono wiederholen Trompeten, Posaunen und Baßtuba den Ruf. Während Wotan »schmerzlich« auf Brünnhilde zurückblickt, erinnern Bratschen und Celli an Wotans traurigen Abschiedsgesang. Die Harmonien der Schicksalsfrage (*22a) ertönen, und der Vorhang fällt.

Zweiter Tag: Siegfried

Spieldauer: zirka viereinhalb Stunden
Siegfried – Tenor, Mime – Tenor, der Wanderer (Wotan) –
Baßbariton, Alberich – Baßbariton, Fafner (Drache) – Baß,
Brünnhilde – Sopran, Erda – Alt, Waldvogel – Sopran

Dumpfes Paukentremolo, grüblerische Septsprünge, die si-
nistren Klänge, zu denen im RHEINGOLD die Nibelungen
sich mühten, außerdem Schmiede-Ostinato und Ring-
Motiv: Die Orchesterintroduktion zum zweiten Tag des
Bühnenfestspiels führt uns in die Gedankenwelt von
Alberichs Bruder Mime, den die Gier nach dem Ring aus
Nibelheim herauf in Fafners Wald getrieben hat. Doch
auch die Schwert-Fanfare hat sich in Mimes Kopf eingeni-
stet. Woher mag er sie kennen?

Dazu ein Vorgriff auf Mimes späteren Bericht: Mime
nämlich hatte einst die hochschwangere Sieglinde im
Walde gefunden. Den Nibelungen über das Schicksal der
Wälsungen unterrichtend und ihm das zertrümmerte
Schwert Notung übergebend, kam Sieglinde sterbend mit
Siegfried in Mimes Wohn- und Arbeitshöhle nieder. Dieses
– und auch sein übriges, vor allem den Ring betreffendes –
Wissen hat Mime seinem Pflegesohn vorenthalten. Warum?
Wissen ist Macht, und solange Siegfried unwissend ist, ist
er auf Mime angewiesen.

Denn von Anfang an boten Sieglindes Auskünfte dem
Zwerg Gewähr für Siegfrieds zukünftige Heldenrolle. Aus
purer Berechnung also hat sich Mime – dessen Gestalt
übrigens zum einen auf seinen Namensgeber aus der wohl
um 1250 entstandenen THIDREKS-SAGA, zum andern auf

Mime – Wagners Absage an eine proletarische Revolution

Mime, dessen alleiniges Sinnen und Trachten nach dem Ring sich in seinem grüblerischen Leitmotiv (*25) niederschlägt, wird nach mythisch langem Leben im 2. Akt SIEGFRIED vom Titelhelden erschlagen. Solch märchenhafte und doch endliche Langlebigkeit ist metaphorisch zu verstehen. Denn die Figuren des RINGS sind Gestalt gewordene Veranschaulichungen politischer, den Gang der Handlung bestimmender Kräfte: Verlieren diese ihre Wirkungsmacht, sterben die Figuren. Da sich aber im Geschehen des RINGS Wagners Auffassung von Geschichte widerspiegelt, heißt das für Mime als Exponenten des Nibelungen-Proletariats, daß es lediglich von den durch den Ring etablierten, auf Besitz gegründeten Verhältnissen profitieren will. Eine solche Ordnung abzuschaffen ist aber die Forderung des Revolutionärs Wagner an seine eigene Zeit. Für die Arbeiter-Allegorie Mime besagt das wiederum: In ihr wird die Tauglichkeit des in den Denkkategorien des Materialismus befangenen Proletariats für die von Wagner erhoffte, revolutionäre Umwälzung in Frage gestellt.

den Schmied Regin, den Sigurd-Erzieher der EDDA zurückweist – des Kindes angenommen: Siegfried soll ihm den Drachen Fafner aus dem Weg räumen. Dann hätte er, Mime, freie Bahn für den Ring. Der Haken bei der Sache: Bisher gibt es keine Waffe, die der kraftstrotzende Siegfried nicht zum Zerspringen gebracht hätte. Bliebe noch die Wunderwaffe Notung. Doch die widerstand bisher allen Reparaturversuchen unseres Schmiedekünstlers.

Das sind Mimes verdrießliche Gedanken, als er wohl schon zum x-tenmal an einem Schwert herumhämmert, das Siegfried ohnehin gleich wieder wütend zerschmettern wird. Und, nachdem der aus dem Wald zurückkehrende Knabe mit einem wilden Bären den Alten durch die Höhle gescheucht hat, kommt es denn auch wie erwartet. Schon hier zeigt sich: Siegfried und Mime – das ist eine Zwangsgemeinschaft jenseits aller menschlichen Zivilisation, eine Alltagsmisere am Ende der Welt. Einzig das Horn, das Mime für Siegfried geschmiedet hat, läßt ein gedeihlicheres Miteinander der beiden in der Vergangenheit vermuten.

Ansonsten aber trifft die Larmoyanz des mit Bettelgesängen um Dankbarkeit heischenden Zwergs auf die Arroganz des jungmännlichen Flegels. Der klatscht das von Mime bereitete Mahl an die Wand, äfft gar die körperlichen Unzulänglichkeiten des Zwerges karikierend nach,

Siegfried – bloß ein pubertierender Haudrauf

Nein, so haben wir uns »den hehrsten Helden der Welt« nicht vorgestellt: ein asozialer, gewalttätiger Waldbursche, der zu dumm zum Fürchten ist und von Tuten und Blasen keine Ahnung hat – die unbekümmerte Signalweise seines Hornes (*26) einmal ausgenommen. Nichts also von der höfischen Erziehung, die der Sigfrid des NIBELUNGENLIEDS zu Xanten genoß. Hat Wagners Siegfried mit seinem Namensgeber zum einen, mit seinem Vorläufer Sigurd aus den nordischen Quellen zum andern auch manche Lebensstation gemeinsam, sein Charakterbild weist eindeutig ins Märchen »Von einem, der auszog, das Fürchten zu lernen«. Zwar wird Siegfried nach dem Gewinn des Rings, der Erweckung Brünnhildes und nach der Liebesnacht mit der Walküre zu Beginn der GÖTTERDÄMMERUNG wie der germanische Lichtgott Baldur in die Morgensonne treten, und sein Hornruf wird zum Zeichen seines nun männlich erwachsenen Heldentums in einer repräsentativen Prunkfassung ertönen. Doch lassen wir uns davon nicht blenden: Siegfried wird bleiben, was er von Anfang an war – ein Tor.

weil er darin instinktiv seine und Mimes Wesensfremdheit erkennt. Lediglich sein Fernweh nimmt uns für Siegfried ein, ebenso seine Sehnsucht nach familiärer Geborgenheit, wie er sie bei den Tieren beobachtet hat. Auch müssen wir zugeben: Nur durch Gewalt hat Mime sich die Zunge lösen lassen, um Siegfried das Geheimnis seiner Herkunft preiszugeben.

Und prompt ist Mime in der befürchteten Klemme: Siegfried fordert Unmögliches von ihm – die Reparatur des väterlichen Schwertes. Danach will der sich einstweilen draußen die Zeit vertreibende Springinsfeld Mime für immer verlassen.

Während Mime seine Ringpläne vor dem Scheitern wähnt, dringt ein Wanderer in die Höhle. Augenscheinlich Wotan – Speer, dunkelblauer, langer Mantel und breitkrempiger Hut sind gemäß germanischer Überlieferung darauf Hinweise genug. Mime aber ist von Blindheit geschlagen, beunruhigt davon, daß der ungebetene Gast partout sich niederlassen und ihm ein Gespräch aufnötigen will. Gar eine absonderliche Wissenswette – nachgebildet einem Lied aus der EDDA – trägt der Wanderer dem jovial als »weisen Schmied« angesprochenen, unfreiwilligen Gastgeber an; sein Kopf verbürge Auskunft darüber, was dem Nibelungen an notwendigem Wissen fehle.

Der aber fragt nach dem, was er schon weiß und außerdem in den zurückliegenden Kapiteln dieses Buches nachschlagen könnte. Und so informiert der Wanderer den Zwerg gemäß seinen Fragen über das Machtgefüge der RING-Welt. »Schwarz-Alberich« als einstiger, Fafner als jetziger Ring-Besitzer werden genannt. Es folgt des Wanderers eindruckschindende Selbstinszenierung, als er in einer auf Walhall- und Speer-Motiv (*6 und *8) fußenden Herrschaftsvision von den Lichtalben und deren Anführer

Wotan als Wanderer – ein Inkognito zur Selbsttäuschung

In Wotans neuer Klangchiffre tut sich Nähe zum Motiv des Tarnhelms (*12a) kund. Hier wie dort versinnbildlicht trügerisch-instabile Harmonik Täuschung, im konkreten Fall Wotans Wanderer-Inkognito. Als Wanderer glaubt sich Wotan in der Rolle eines bloßen Beobachters. »Zu schauen kam ich, nicht zu schaffen«, sagt er im 2. Akt von sich selbst. Eine Fehleinschätzung. Wotans Aktivitäten laufen in SIEGFRIED nämlich darauf hinaus, unter Wahrung des Anscheins eigener Passivität – ja der Gegnerschaft zum Titelhelden –, diesem und Brünnhilde Ring und Welterbe zuzuspielen. Ist der Wanderer also ein Intrigant? Nein, denn er handelt unabsichtlich. Gerade auf Wotans »Unwillkürlichkeit« kam es Wagner an, weil sich durch sie erst erweist, daß der Politiker Wotan nicht aus seiner Haut kann. Durch Wagners anarchistische Brille gesehen, veranschaulicht die Gestalt des Wanderers also, daß Politik nicht von sich aus zur Ruhe kommt, sondern nur durch revolutionäres Eingreifen: etwa von Seiten Siegfrieds, der Wotans herrschaftverbürgenden Speer zerschlagen wird (Notenbeispiel: Wanderer-Motiv *27).

»Licht-Alberich Wotan« berichtet. »Wie unwillkürlich« stößt er dabei mit seinem Speer gegen den Boden, und ein »leiser Donner« bekräftigt den Ewigkeitsanspruch dieser angeblich unumschränkten Speeresherrschaft.

Spätestens jetzt erkennt Mime, daß ihm »Wotans Auge zur Höhle« hereingeleuchtet hat. Doch immer noch legt es der lästige Gast darauf an, sein Wissen dem Hausherrn aufzuzwingen. Mime habe nämlich *nicht* nach dem gefragt, was ihm nütze. Um das zu beweisen, pfändet der wettwütige Gott nun dessen Kopf. Was bleibt dem Zwerg anderes übrig, als dem zwar unangenehmen, aber Respekt erheischenden Frager zu Willen zu sein und Rede und Antwort zu stehen?

Trefflich informiert zeigt sich Mime über die Genealogie – und übrigens auch über die musikalischen Leitmotive – der Wälsungen; sogar Siegmunds Namen hat Mime plötzlich parat, obgleich er ihn Siegfried kurz zuvor noch vorenthalten hat. Selbstverständlich weiß er auch, daß Siegfried zur Tötung Fafners das Schwert Notung schwingen muß. Wer aber Notung wieder zusammenfügen werde? Damit zielt der Wanderer punktgenau ins Zentrum von Mimes Ratlosigkeit. Jetzt endlich kann er loswerden, was er dem Nibelungen von Anfang an stecken wollte: »Nur wer das Fürchten nie erfuhr, schmiedet Notung neu.«

Was jedoch soll aus Mimes Kopf werden? Generös überläßt der Gewinner dieses todsicheren Rätselspiels die Siegestrophäe ebenjenem furchtlosen Schwertschmied, den die Musik – wer hätt's gedacht? – mit dem »hehrsten Helden« (*23) identifiziert. Damit hat der zum Gehen sich wendende Wanderer den durch Mimes Unfähigkeit zur Schwertreparatur bedingten Handlungsstau aufgelöst und unauffällig das Geschehen in Richtung auf Fafners Untergang gelenkt.

Zurück bleibt, von Todesangst gepackt, der Verlierer. In einer impressionistisch ausgemalten Halluzination sieht er Fafner auf sich zustürzen. Tatsächlich aber tritt Siegfried in die Höhle. Ob er der vom Wanderer annoncierte furchtlose Vollstrecker der Zwangswette ist? Dies herauszubekommen ist Mimes jetzt geradezu lebenswichtige Aufgabe. Deshalb versucht er, durch die Beschreibung eines aus dem Waldeszwielicht hereinbrechenden, unfaßbaren Grauens, Siegfried Angst einzujagen. Der läßt sich natürlich nicht wie ein kleines Kind durch Schauergeschichten erschrecken. Gleichwohl: Als Siegfried über Mimes Grusical nach-

sinnt, hört er den Feuerzauber aus der WALKÜRE darin flak-
kern. Er greift damit seiner Begegnung mit Brünnhilde
unbewußt voraus und sehnt sich nach solchem ins Eroti-
sche spielenden »Grieseln und Grausen«.

Mime wiederum ist es nun ein leichtes, Siegfried für den
in der Neidhöhle hausenden Drachen Fafner zu interessie-
ren. Zu *dem* wolle er Siegfried führen, dort werde er das
Fürchten schon lernen. Womit allerdings wieder das unge-
löste Schwertproblem im Raum steht. Doch dieses Mal legt
Siegfried selbst Hand an, zerraspelt wider alle Regeln her-
kömmlicher Schmiedekunst die Schwerthälften, um die
Waffe neu zu gießen. Hingerissen von Siegfrieds kraftvoll
das Orchestertutti übertönendem Gesang, darf der Betrachter während der Schmelz- und Schmiedelieder einer
Schwertherstellung im Schnellverfahren beiwohnen; und
neben exakt notiertem Gehämmere, urtümlichen »Hohoh-«
und »Hahai«-Rufen prägt sich insbesondere der markante
Oktavsprung des Notung-Motivs ein.

Mime hat jetzt volle Gewißheit, wem sein Kopf verfallen
ist. Durch die Prophetie des Wanderers dazu getrieben, auf
Rettung zu sinnen, beschließt er Siegfrieds Ermordung;
nach bestandenem Drachenkampf will er ihn mit Hilfe
eines betäubenden Gebräus aus der Welt schaffen. Der
Kontrapunkt aus Siegfrieds hämmerndem Schmiedeeifer
und der Geschäftigkeit des Giftmischers löst sich in dop-
peltem Jubel. Während Mime den Ring schon in Händen
zu halten glaubt und sich in einem hybriden Triumphlied
aus schmählicher Existenz zum »König, Fürst der Alben«,
gar zum »Walter des Alls« erhoben sieht, schwingt Siegfried jauchzend sein zu neuem Leben erwecktes Schwert.
Mit einem gewaltigen Hieb schlägt er Mimes Amboß ent-
zwei, im nicht minder lauten D-Dur-Fortissimo des Orche-
sters fällt der Vorhang.

Tiefer Wald — finstere Nacht, so die Szenenanweisungen zum Beginn des 2. Aktes. Das Orchester hat das Bühnenbild schon entworfen, bevor sich der Vorhang hebt. Unter dem lauernden Tremolo der tiefen Streicher pocht das Riesen-Motiv (*9) aus dem RHEINGOLD. Doch die Pauken-Quart spreizt sich um einen Halbton zu weit. Sie ist verzogen zum Tritonus, von alters her in der Musik Symbolintervall fürs Unnatürliche, fürs Dämonische, gerade recht also für den im wörtlichen Sinne zum Un-Tier mutierten Riesendrachen Fafner.

»Träg und schleppend« — so Wagners Tempovorgabe — windet sich anakondahaft sein Motiv (*12b) in der Kontrabaß-Tuba, phlegmatisch und doch gefährlich. Ring- und Fluch-Motiv (*1 und *13) ertönen, Alberichs aus dem RHEINGOLD bekannte Haß-Musik. Womit im Nachhinein sich erklärt, weshalb die Klangszenerie bedrohlich anmutet: weil wir mit den Ohren des gestürzten Nibelungenfürsten hören. Wohl seit Fafners Metamorphose zum Monster sitzt Alberich grimmig und furchtsam zugleich vor der Neidhöhle und wartet auf des »Wurmes Würger«.

Fafners kolportagehafte Drohkulisse, von Wagner nicht ohne ironische Übertreibung in die schwärzesten Farben der Schauerromantik getaucht, verfehlt also zumindest auf Zwerge ihre Wirkung nicht. Ebenso verleiht der im Walkürenreiterrhythmus per Luftroß hereinjagende Wanderer der nicht ganz zufälligen Wiederbegegnung mit Alberich durch eine Prise Galgenhumor eine feine Würze. Sein Feind von früher ist ganz der alte geblieben. Belfernd versucht der Nibelung, Wotan von der Stätte zu vertreiben, ihm jene nun schon sattsam bekannten vertragsrechtlichen Abmachungen unter die Nase reibend, die Wotan einen Übergriff auf Fafner und seinen Ring verbieten. Doch der ist nur gekommen, um Alberich in Erstaunen zu versetzen.

Scheinbar ohne eigenes Interesse, tatsächlich aber wieder als Strippenzieher im Hintergrund bereitet Wotan für das Aufeinandertreffen von Siegfried und Fafner das Terrain. Sowieso im Hinblick auf den Ausgang des Kampfes unbesorgt, tut Wotan alles, um Siegfrieds Image eines freien, unabhängigen Helden zu festigen, und legt ihm deshalb, wo er nur kann, Steine in den Weg. So hetzt er Alberich gegen Mime zum einen, gegen Siegfried zum anderen auf.

In einer schlechthin komödiantischen Aktion ruft der Wanderer sogar den schlafenden Fafner wach, damit Alberich ihn warnen, den bevorstehenden Kampf abwenden und für seine Vermittlerrolle den Ring kassieren möge. Zwar wird die dumpfe Blödheit des in bloßer Besitzstandwahrung sich selbst genügenden Ungeheuers durch die gesangsmäßigen Beschränkungen ausschließlich auf das Tritonus-Intervall ohrenfällig. Dennoch erteilt Fafner seinen Warnern eine geradezu klassische Abfuhr: »Ich lieg' und besitz': lasst mich schlafen!« Lachend macht sich der Wanderer durch die Lüfte wieder fort, während das Orchester seine angebliche Heiterkeit mit resignativem Unterton kontrapunktiert und Alberich ihm in altgewohnter Manier (*13) hinterherflucht.

Zur Morgendämmerung räumt er ebenfalls das Feld: für seinen Bruder und Siegfried. Der nimmt von Mime noch letzte Instruktionen für den bevorstehenden Kampf entgegen, dann verscheucht er den Nibelungen. Und da Mime an jenem Quell lagern will, aus dem der Drache – auch Lindwürmer sind Gewohnheitstiere – zu mittäglicher Stunde seinen Durst stillt, hofft Siegfried darauf, daß der Zwerg gleich mit hinweggesoffen werde. Nachvollziehbar also, daß Mime mit einem Todeswunsch zwischen den Zähnen seinem Ziehsohn, der sich unter einer Linde behaglich ausstreckt, die Szene überläßt: »Fafner und Siegfried,

Siegfried und Fafner – oh brächten beide sich um!« Im zarten Rauschen des nach oben ausgreifenden, mehrfach geteilten Streichersatzes, der an den Schimmer des von der Morgensonne beleuchteten Rheingolds aus dem Vorabend der Tetralogie gemahnt, beginnt das »Waldweben«, Siegfrieds anrührend naive Soloszene. Er schlägt sich Mime aus den Gedanken, um im Nachdenken über den Vater zur schmerzlich vermißten Mutter zu gelangen. Eine empfindsame Sehnsuchtsmusik, zart klingt im Solo der ersten Violine Freias liebliches Thema (*7) an.

Das Verlangen nach Zweisamkeit läßt Siegfried immer tiefer in die Natur eintauchen und auf den Gesang der Vögel horchen, vor allem auf das Lied eines besonders mit-

Siegfried unter der Linde – Wagners lange Ring-Pause

Am 28. Juni 1857 schreibt Wagner an Franz Liszt: »Ich habe meinen jungen Siegfried noch in die schöne Waldeinsamkeit geleitet; dort hab' ich ihn unter der Linde gelassen und mit herzlichen Tränen von ihm Abschied genommen.« Allerdings wird Wagner noch bis zum 9. August das Ende des Aktes in der Orchesterskizze fertigstellen. Dann aber wird der RING, abgesehen von der Fertigstellung der Partitur des 2. Aktes SIEGFRIED, bis 1869 beiseite gelegt: zugunsten von TRISTAN UND ISOLDE und den MEISTERSINGERN. Nach dieser Auszeit ist der Komponist ein anderer. Die Erfahrungen aus den zwischengeschobenen Werken, außerdem Wagners unter dem Einfluß Schopenhauers vollzogene ästhetische Wandlung, die der Musik gegenüber den anderen Künsten nun eine Vorrangstellung zukommen läßt, führen zu einer noch geschmeidigeren, noch dichteren Tonsprache. Ein kompositorischer Bruch also, der sich jedoch nicht als störender Neuanfang, vielmehr als immense Steigerung bemerkbar macht: gleich in der wuchtigen Einleitung zum 3. Akt SIEGFRIED.

teilsamen, gefiederten Exoten (*28). Um dessen Singen zu verstehen, versucht Siegfried, ihn auf einer frischgeschnitzten Rohrpfeife (in Wahrheit ein zu grellem und unreinem Spiel verpflichtetes Englisch Horn) nachzuahmen und zu antworten. Allerdings scheitert diese Opernversion des »Learning by doing« – zum ewigen Amüsement des Publikums – kläglich. Virtuos hingegen rehabilitiert sich Siegfried auf dem Waldhorn, das ihm mit seinem Signalruf und dem Thema vom »hehrsten Helden« einen »lieben Gesellen« herbeilocken soll.

Der meldet sich noch während des Horngeschmetters tief unten in den Tuben (Motiv *12b): Fafner also, der sich zum Mittagstrank herbeiwälzt. Schon während des gegenseitigen Austausches von Verbalinjurien wird deutlich, daß Siegfried zumindest in Fafners Schule das Fürchten nicht lernen wird. Und was danach an Kampfhandlung abläuft, findet in der Machart einer symphonischen Durchführung statt, die Fafners Drachen-Motiv gegen eine Kombination aus Schwert-Fanfare und Horn-Ruf stellt. Den szenischen Vorgang deutet Wagner selbst anno 1870 so: »Siegfried und Fafner bezeichnen wir als Kasperl und das Tier, welches ihn happen will. Es ist derselbe Typus.«

Wagners Vergleich aus dem Puppentheater hebt die Zeichenhaftigkeit des Geschehens hervor. Denn im Grunde ist die Ermordung Fafners im Handlungsgefüge der Tetralogie DIE entscheidende Gelenkstelle. Den RING als Geschichtsparabel begriffen, markiert sie die Ausschaltung der durch die Riesen symbolisiert Aristokratie und damit die Erfüllung einer ebenso wesentlichen wie vergeblichen Hoffnung, die Wagner auf einen revolutionären Umschwung setzte. Und schauen wir auf den RING als Gegenwartstheater der Wagner-Zeit, bezeichnet der Tod Fafners den Umschlag in ein utopisches, nachrevolutionäres Zeitalter.

Im Sterben gewinnt Fafner Todesweisheit und unsere Sympathie. Nun endlich ist er der Einengung auf den Tritonus wieder enthoben, zumindest bezüglich des Melodischen scheint er wie befreit. Mit dem Riesen-Motiv (*9) seines erschlagenen Bruders Fasolt gedenkend, versteht er sich sogar wieder auf reine Quarten. Einsicht in die eigene Schuldverstrickung — menetekelhaft vom Fluch-Motiv (*13) in den Posaunen unterstrichen — treibt ihn dazu, Siegfried vor Mime zu warnen. Zwar kann er dem »helläugigen Knaben« keine Auskunft mehr über dessen Herkunft geben. Doch anders wird er Siegfried noch nütze.

Das Waldvöglein – Siegfrieds innere Stimme oder Wotans Bote?

Insbesondere durch die Staccato-Punkte unterscheidet sich sein Motiv vom »Weia Waga« der Rheintöchter. Ein Luftpendant also zu den Schwimmerinnen. Weshalb Siegfried die Anweisungen des Vögleins versteht? Weil er im Einklang mit der Natur ist. Da aber die vom Waldvöglein übermittelten Facts – Einsetzung Siegfrieds als Erbe von Hort, Ring und Tarnhelm, Warnung vor Mime und Verheißung der feuerumflammten Brünnhilde – den Wissenshorizont des Drachentöters himmelweit übersteigen, kann man den Vogelgesang schwerlich als Siegfrieds innere Stimme deuten. Wer aber hat überhaupt ein Interesse daran, den Helden mit diesen ihm gänzlich unbekannten Sachverhalten vertraut zu machen? Wotan? So sah es Patrice Chéreau in der epochalen Bayreuther RING-Inszenierung von 1976. Er machte den Piepmatz zum Sendboten Wotans und sperrte ihn zum Zeichen dessen in einen Käfig. Doch warum soll das Vöglein nicht in eigener Sache sprechen? Es ist ja nicht das erste – und auch nicht das letzte – Mal, daß Wagner der Natur eine sprechende, das RING-Geschehen beeinflußende Stimme gibt (Waldvogel-Motiv: Notenbeispiel *28).

69

Als der nämlich sein Schwert aus Fafners Wunde zieht, brennt das Blut des schimärischen Riesendrachen »wie Feuer« auf seiner Hand. Unwillkürlich führt er sie zum Munde. Indem er sich mit Fafners Blut also die Quintessenz des schlechthin Unnatürlichen einverleibt und damit Kenntnis vom Naturwidrigen gewinnt, schärfen sich auch seine Sinne fürs gänzlich Natürliche. Plötzlich ist Siegfried die Sprache der Vögel verständlich. Jetzt erst ist er in der Lage, dem Lied des »seltnen Vögleins« Sinn zu entnehmen.

Dessen Rate folgend, holt er sich aus Fafners Höhle Ring und Tarnhelm. Währenddessen kommt es zur slapstickartigen Begegnung zwischen den Nibelungenbrüdern, die wie Aasgeier darauf lauern, Fafners Hinterlassenschaft zu fleddern. Dabei zanken sie über das sprichwörtliche Fell des Bären, bevor er überhaupt erlegt ist. Der groteske Bruderzwist endet mit Siegfrieds Rückkunft aus der Neidhöhle, und wieder singt das Waldvöglein ihm zu, dieses Mal Mißtrauen gegen Mime schürend.

Als der sich an Siegfried heranmacht, ist das für Wagner die Gelegenheit zu einem in der Opernliteratur einmaligen Kunstgriff: Wagner tut nämlich so, als sei das Publikum ebenso wie Siegfried durch den Genuß des Drachenblutes hellhörig für Untertöne geworden. Nicht Mimes vorgetäuschte Liebenswürdigkeit, sondern eben die darunter verborgenen Hintergedanken werden deshalb zum Worttext. Hingegen wird die geheuchelte Freundlichkeit des Zwergs im hier scherzhaften, dort liebenswürdigen Plauderton der Musik ohrenfällig. Auf diese Weise deckt er in allen Einzelheiten seinen Mordplan auf, Siegfried im zärtlichsten Tonfall zuflötend: »Ich will dem Kind nur den Kopf abhaun.« Kurzum, der Nibelung redet sich buchstäblich um Kopf und Kragen.

Angewidert streckt Siegfried ihn unter dem schadenfro-
hen Gelächter des im »Geklüft« sich versteckt haltenden
Alberichs nieder: selbst wenn man Siegfried Notwehr zu-
gesteht, eine übertriebene Reaktion. Indessen ist in unserer
geschichtsutopischen Analyse des RINGS dieser Totschlag
ein weiterer revolutionärer Akt. Beinhaltet er doch, daß das
in Mime allegorisierte Proletariat ausgespielt hat. Das heißt
wiederum: Die von Wagner propagierte Revolution ist
offensichtlich keine marxistische.

Wie historische Altlasten verstaut Siegfried nun den
Hort, Mimes Leichnam und Fafner in der Neidhöhle, deren
Zugang er mit dem Kadaver des Lindwurms verstopft. Danach wird dem jungen Helden die Einsamkeit vollends
quälend, wieder schafft das Vöglein Rat und weist ihn zur
im Feuer schlafenden Walküre. Und als es schließlich dem
vor Begeisterung hellauf entflammten Jüngling die Bedin-
gung zur Erweckung der Langschläferin nennt: »Brünnhild'
erweckt ein Feiger nie: nur wer das Fürchten nicht kennt!«,
weiß sogar »der dumme Knab'«, daß niemand anderes als er
selbst gemeint ist. Wie ein Hans im Glück springt er davon,
immer dem Vöglein hinterher, das ihm zum Aktschluß in
Richtung Brünnhildenstein lustig voranflattert.

Ein rastloses Auf und Ab leitet den dritten Aufzug ein.
Wotan sprengt auf dem Weg zu Erda im Nachtritt heran,
eine Charakterstudie des Gottes, unmittelbar vor seiner
Entmachtung: Pferdegetrampel und -schnaupen, außerdem Erdas Motiv (*14), in mehreren Anläufen nach oben
jagend. Immer wieder kippt es abwärts in dasjenige der
Götterdämmerung (*15). Wotans Unmuts-Thema (*21)
aus der WALKÜRE, außerdem Speer- und Wanderer-Motiv
(*8 und *27) sind in die drängende Bewegung eingelassen.
Die »wilde Gegend«, in der Wotan Erda aus der Tiefe her-

aufbeschwört, ist ein Spiegel seines Inneren. Nein, auch wenn er es großsprecherisch behauptet, er ist sich des »happy endings« seiner Herrschaft keinesfalls sicher.

Deswegen fordert er das bestätigende Eingreifen der allwissenden Urmutter, die zu den chromatischen Akkordketten, mit denen ihre Tochter Brünnhilde einst in den Schlaf sank, erwacht. Doch Erda verweigert ihm Auskunft und Hilfe. Sie weist Wotan an die Nornen weiter, die dieser als uneigenständige, »im Zwange der Welt« stehende Schicksalskünderinnen ablehnt, dann an die gemeinsame Tochter. Denn einst hatte sich Erda von Wotan durch »Liebeszauber« ja überwältigen lassen, damit ihm in Brünnhildes Gestalt die Weisheit der Natur zur Seite stehe. Wotans Abkehr von Brünnhilde war somit auch eine Absage an deren Mutter. Und die bricht nun über Wotans Herrschaft den Stab. »Wild und kraus kreist die Welt!« so lautet Erdas Negativbilanz.

Endgültig entzieht sie dem immer noch in Allmachtsphantastereien Befangenen ihr Vertrauen. Mag er sie auch in hochfahrender Arroganz als »Unweise« beschimpfen und wieder »zu ewigem Schlaf« in den Schoß der Erde entlassen, mag er auch in schönster Euphorie das Ende seiner Macht nun herbeiwünschen, weil er in Siegfried und Brünnhilde seine zu »erlösender Weltentat«, nämlich zur Rückgabe des Rings, fähigen Testamentsvollstrecker sieht: Erda und die Musik wissen es besser. Da ist zwar das neue hymnische Motiv vom Welterbe (*29), in das Wotan seinen Optimismus kleidet, doch wiederholt steuert es in einen Trugschluß.

Ohnehin ist Wotans Abgang, als ihm Siegfried entgegentritt, unfreiwillig. Zunächst drängt er dem Jüngling in gönnerhafter Leutseligkeit ein Gespräch auf und fragt ihn wie einen Schulbuben über seine zurückliegenden Abenteuer aus. Verständlich, daß unser jugendlicher Heißsporn zunehmend ungeduldig wird, zumal der Waldvogel vor Wotan Reißaus genommen hat und ihm der unbekannte Alte bei aller Schwatzhaftigkeit den Weg zu Brünnhildes Felsen verschweigt. Abermals hat sich Siegfrieds Furchtlosigkeit zu bewähren, zunächst in lümmelhafter Respektlosigkeit, so daß er sich über Kleidung und Einäugigkeit des Unbekannten lustig macht.

Wie ein lächerlicher Tattergreis beiseite geschoben zu werden, das allerdings läßt Wotans Zornesader schwellen; das im Orchester sich immer stärker in den Vordergrund spielende Verzweiflungs-Motiv aus der WALKÜRE verrät es. Er stellt sich seinem Enkel in den Weg und gibt sich ihm als »des Felsens Hüter« zu erkennen, der durch die Erweckung Brünnhildes für immer machtlos werde. Aber Siegfried ist nicht aufzuhalten, nicht einmal durch Wotans Speer.

Mit seiner Warnung: »Das Schwert, das du schwingst, zerschlug einst dieser Schaft«, gießt Wotan sogar noch Öl ins Feuer, denn damit hat er sich als Feind von Siegfrieds Vater geoutet. Für den streitbaren jungen Mann eine willkommene Gelegenheit zur Revanche, und anders als in Siegmunds letztem Gefecht, zerbricht dieses Mal nicht das Schwert, sondern im Poltern der Donnermaschine der Speer. Danach Erdas Motiv, das sich umkehrt in das der Götterdämmerung: Wotan verschwindet mit den Speerstücken in der Hand »in völliger Finsternis«. Weshalb? Weil mit dem Speer auch das in ihn eingeritzte Vertragswerk – das heißt die Grundlage von Wotans Macht – in Trümmern liegt. Zwar wird Wotan in Walhall weiterhin residieren, doch ohne zu regieren: mithin ein kaltgestellter Herrscher. Einzig seine Raben wird er gemäß dem germanischen Mythos noch ausschicken, als Nachrichtenüberbringer aus der Welt.

Im Dreischritt also hat Wagners utopischer Revolutionär Siegfried für einen radikalen Umsturz der bestehenden Verhältnisse gesorgt: Zuerst hat er die aristokratische Riesenherrschaft abgeschafft, dann den Griff des Nibelungen-Proletariats nach der Macht abgewehrt, und zu guter Letzt auch noch den Lichtalben-Monarchen samt seiner Sippe schachmatt gesetzt. Welch eine Zeitenwende! Allein Siegfried hat davon nicht die leiseste Ahnung, ebensowenig von der Bedeutung seines Rings. Und selbst wenn er dessen Macht kennen würde, hätte dieser liebessüchtige Held an ihr kein Interesse. So weit, so gut, könnte man sagen: Wüßte Siegfried wenigstens, daß es nun in seinen Händen läge, durch Rückgabe von Alberichs Ring an die Rheintöchter der Welt eine neue, nicht materialistisch fundierte Ordnung zu geben. Eine neue Ära im RING-Geschehen auch insofern, als das Gesetz des Handelns nach Ausschaltung von Riesen, Zwergen und Göttern auf die Menschen übergegangen ist. Werden sie sich als autonome und freie Wesen bewähren? Dieser Frage geht Wagner von nun an im RING DES NIBELUNGEN nach und stellt damit das nach bürgerlichem Selbstverständnis entworfene Idealbild des Menschen auf den Prüfstand.

Indessen ist ein Tatmensch wie unser Held, der nur über Instinkt, nicht aber über Intellekt verfügt, zur Einleitung eines solchen Bewußtseinswandels ungeeignet. Alles läuft also auf die weltkluge Brünnhilde zu. Und zu ihr steht für unseren Helden die Straße »strahlend nun offen«. Während seine beiden Helden-Motive (*23 und *26) gegen den orchestralen Feuerzauber anbranden, schlägt er sich zu der schlafenden Walküre durch. Nachdem sich das flamboyante Orchestergemälde allmählich in zartesten Geigenfigurationen verflüchtigt hat, findet sich der Feuerstürmer auf der »seligen Öde« von Brünnhildes Felsen wieder.

An diesem der Welt enthobenen Ort wird Wagner nun das Zueinanderfinden seines Idealpaares in einer Weise in Szene setzen, die dem altüberlieferten mythischen Geschehen avantgardistische Modernität abgewinnt: durch psychoanalytische Tiefenlotung. Deren Gegenstand ist zunächst Siegfried, wobei es darum geht, sein Verhalten und Empfinden nachvollziehbar zu gestalten. Denn nur so bleibt Brünnhildes dornröschenhafte Erweckung kein Versatzstück aus dem Märchen.

Vergleichbar dem Zoom im Film, inszeniert Wagner Siegfrieds allmähliche Annäherung an die Walküre. Zunächst schaut er auf die Umgebung und auf das schlafende Pferd Grane, dann erblickt er Brünnhilde. Er befreit die Schlummernde von Waffen, Rüstung und Helm. Noch hält er sie für einen Krieger. Erst als er ihr die Brünne von der Brust nimmt, fährt er erschrocken auf: »Das ist kein Mann!« – Ein Moment unfreiwilliger Komik? Zumindest für ein um den Unterschied zwischen Männlein und Weiblein wissendes Publikum. Doch bis dato fehlte dieses Wissen dem von Frauen ferngehaltenen Siegfried. Und so riskiert Wagner diesen heiklen Augenblick um eines erstaunlichen Gedankenexperimentes willen, das von der Entdeckung der Sexualität durch einen völlig unverbildeten Jüngling einen Eindruck geben soll.

Was dieser gewagten Szene Plausibilität verleiht, ist Wagners hochexpressive Musiksprache. Das Erkennen des anderen Geschlechts und das Erwachen erotischen Verlangens gehen dabei Hand in Hand, ohne daß überkommene Sitten und Verhaltensmuster diesem weltfremd aufgewachsenen Sohn des Waldes Orientierung oder Hilfe böten. Mithin eine neue, fremde Erfahrung, sie lehrt den Helden nun endlich die Furcht. Selbst die Regression ins Kindliche hat Wagner diesem von der Musik in seismographischer

Genauigkeit erstellten Psychogramm eingeschrieben: Der bis zur Lähmung ratlose junge Mann ruft in seiner Hilflosigkeit gar nach der Mutter.

Der Kuß aber, mit dem er Brünnhilde aus dem Schlafe holt, ist für Siegfried selbst ein Akt der Befreiung aus dem Zustand der Erstarrung, mit ihm saugt er sich »Leben aus süßesten Lippen«. Und mit jenem resignierenden Thema (*5b), mit dem einst Alberich im RHEINGOLD als der »Traurigen traurigster Knecht« seine Niederlage hinnahm, drückt nun der siegreiche Drachentöter seine Lippen auf die der furchteinflößenden Frau ...

Nach diesem intimen Moment der Übergang zu einem grandiosen Zeremoniell: Brünnhildes Erwachen, zunächst stummes Gebärdenspiel, dann die Begrüßung von Sonne, Licht und Tag, die sogleich – zum Thema vom hehrsten Helden – in die zögernde Frage mündet: »Wer ist der Held, der mich erweckt?« Auf Siegfrieds Antwort dann ein hymnischer Dankgesang, zu dem sich beide Stimmen, Sieglindes und der nährenden Mutter Erde gedenkend, vereinigen: »O Heil der Mutter, die mich/dich gebar« (Notenbeispiel *32).

Jede konventionelle Oper würde jetzt schließen. Für Wagner hingegen wird es jetzt erst richtig interessant: Nun nämlich problematisiert er das Aufeinandertreffen des im Hier und Jetzt seines Daseins sich freuenden Siegfried auf Brünnhilde, diese Frau von bewußt erlebter und erlittener Vergangenheit.

Subtil zeichnet Wagner einen Prozeß der Entfremdung. Da ist zum einen Siegfrieds wachsende Verschüchterung: Denn die heftig begehrte Frau scheint unnahbar und aufgrund ihres Wissensvorsprungs für den wie ein verständnisloses Kind lauschenden Helden – salopp gesagt – eine Nummer zu groß. Da ist zum andern die Selbstbesinnung der Walküre: Rückblickend auf ihr früheres Dasein, bewältigt sie trauernd dessen Unwiederbringlichkeit; und vorausblickend auf den Verlust ihrer jungfräulichen Existenz, wird sie von Angst überwältigt.

Auch hier also – nun aber aus weiblicher Perspektive – Furcht vor der Sexualität. Auslöschung ihrer Identität durch männliche Inbesitznahme, davon sieht Brünnhilde sich bedroht. Deshalb kommt der Walküre eine in ihrer Reinheit verführerisch schöne Scheinlösung in den Sinn, eine richtige Arie, »Ewig war ich, ewig bin ich«: das hohe Lied der Askese. In ihm vergleicht sich Brünnhilde mit einem stillen Bach, eine Spiegelfläche für Siegfried. Durch Berührung aber würde sie ihre Fähigkeit zum Widerschein verlieren. Siegfried hingegen ändert das Bild gemäß seinem Verlangen um. Der Bach wird zum wogenden Gewässer, in das er sich hineinstürzen will, um seine inwendige Hitze

Das Siegfried-Idyll: eine klingende Liebesgabe an Cosima

Zu Cosimas 33. Geburtstag führte Wagner am 25. Dezember 1870 ein kammermusikalisches Werk auf, das im Erstdruck von 1878 den Namen SIEGFRIED-IDYLL erhielt. Hauptthemen des Idylls sind zwei Gedanken aus Brünnhildes Arie »Ewig war ich« (Notenbeispiel *30), außerdem die Wendung »O Siegfried! Herrlicher!« (Notenbeispiel *31) aus der Mitte der Arie. Zumindest das erste Thema, erstmals 1864 belegt, stand ursprünglich in keinem Zusammenhang mit dem RING. Neben weiteren Gedanken aus der Oper, unter anderem das jubelnde Kehrausthema des Schlußduetts, fanden aber auch vom RING unabhängige musikalische Einfälle Eingang ins IDYLL, dessen »holde Töne« Cosima in ihrem Tagebuch als ihre und Richards »Schutzgeister« bezeichnet.

darin zu kühlen. Seine feurige Leidenschaft entflammt schließlich auch Brünnhilde, zieht sie weg von der Vergangenheit, hinein in die Gegenwart.

Am Auflodern ihrer Leidenschaftlichkeit erkennt sie, daß Hingabe nicht Selbstaufgabe meint. Weshalb sie zum Schluß ihrem Erwecker quasi in voller Montur, nämlich gestützt auf die Motivik des Walkürenrufs, entgegentritt. Ebenso wie Brünnhilde ihre Selbstsicherheit wiedererringt, so findet Siegfried die seine wieder. Keine Rede mehr vom Fürchten. Siegfried und Brünnhilde finden als gleichwertige Partner zueinander, Wagners Utopie eines freien, aller Konventionalität enthobenen Liebesbundes auf die Bühne bannend. Zum Zeichen neugewonnenen Gleichklangs und mit einem neuen kehrausartigen Thema in den Hörnern vereinen sie ihre Stimmen abermals zum Duett: eine jauchzende C-Dur-Stretta, die im Gesang auf die Carpe-Diem-Formel »Leuchtende Liebe, lachender Tod!« zielt, im Orchester auf jenes optimistische Thema (*29), mit dem Wotan Siegfried und Brünnhilde als seine Erben eingesetzt hat.

Dritter Tag: Götterdämmerung

Spieldauer: zirka fünf Stunden
Siegfried – Tenor, Brünnhilde – Sopran, Gunther –
Bariton, Gutrune – Sopran, Hagen – Baß, Alberich –
Baßbariton, Waltraute – Mezzosopran, die drei Nornen –
Alt, Mezzosopran und Sopran, Woglinde – Sopran,
Wellgunde – Mezzosopran, Floßhilde – Alt, Frauen –
Sopran, Mannen – Tenor, Baß

Ein akustischer Rückblick auf Brünnhildes Erwachen,
allerdings um einen halben Ton herabgestimmt; das Natur-
Motiv ist in seiner Dur- und Moll-Variante (*2b und *14)
darin hineinverwoben, danach die Schicksalsfrage (*22a)
aus der WALKÜRE und in den gedämpften Streichern eine
harmonisch instabil sich windende Figur: die musikalische
Sigle fürs Deil der Nornen. Ambivalent zwischen Ring-
und Natur-Motiv vermittelnd, erinnern Terzenschichtung
und Bewegungsverlauf fatal daran, daß dem Seil die
Geschichte des Nibelungenrings eingeflochten ist.
  Wenn Erdas Töchter unmittelbar vor dem Morgen-
grauen auf dem Brünnhildenstein die GÖTTERDÄMMERUNG
mit »weihevollem Weltenklatsch« (Thomas Mann) eröff-
nen, so ist ihr Dreigespräch nicht nur eine Rekapitulation
jener Ereignisse, die in den rückwärtigen Kapiteln des vorliegenden RING-Buches nachzulesen sind. Darüber hinaus
fügt sich die Szene dank dieser retrospektiven Elemente
zum musikalischen Kompendium wesentlicher RING-
Motive. Allerdings sind die zuversichtverbreitenden Leitmotive vom hehrsten Helden (*23) und von Brünnhilde
und Siegfried als Wotans Erbenpaar (*29) ausgespart: Zu

Glücksverheißungen sehen die Nornen keinen Anlaß. In der Tat ist ihr Sang vor allem ein Leidensbericht: das Klagelied der geschändeten Natur, gesungen von drei Vertriebenen.

Früher nämlich spannen die Nornen ihr Seil unter dem Wipfel der Weltesche. Doch die gibt es nun nicht mehr. Um dies zu erklären, gehen die Nornen in der für Wagner typischen Gründlichkeit zurück bis in den Anfang aller Anfänge, und da steht Wotans Urfrevel: die Gewinnung des verträgesichernden Speeres (siehe auch Seite 28) aus einem Ast der Esche. Weil der Baum an der Schnittwunde erkrankte und verdorrte, konnte sein Blätterdach nicht mehr den unter der Esche entspringenden Weisheitsquell schützen, so daß der nun für immer versiegt ist – zumal Wotan, nachdem ihm Siegfried den Speer zerschlagen hat-

Die Nornen – Mittlerinnen zwischen »einst« und »einst«

Nachgebildet dem germanischen Mythos und Pendants zu den altgriechischen Parzen, sind die Nornen Allegorien von Vergangenheit (Alt), Gegenwart (Mezzo) und Zukunft (Sopran). Ihr Leitwort ist das voraus- und zurückweisende »einst«. Zwischen »ehemals« und »zukünftig« vermittelt ein Seil, in das Erdas »urerschaffne« Töchter nächtens unter wechselweisem Gesang das Schicksal hineinspinnen. Dabei greifen sie die Fäden des Seils, in denen zurückliegende und gegenwärtige Begebenheiten festgezurrt sind, auf und spinnen sie fort. Die Nornen erkennen die Zukunft also nur, solange sie absehbar, das heißt aus den Fäden ableitbar ist. Und so reißt ihr Gespinst, als sie über das Ende der Götter hinausblicken wollen. Ihre Schicksalskunde betreiben die Nornen als Ritual, wobei die variiert wiederkehrende Frageformel: »Weißt du, wie das ward/wird?« im Tonfall auf die Todesverkündigung (*22b) aus der Walküre zurückgreift (Notenbeispiel: *33).

te, die Weltesche fällen ließ. Deren morsches Holz, so berichtet die in die Zukunft schauende dritte Norne, umgebe nun Walhall. Dereinst werde Wotan die Stücke seines Speeres an Loges Brust entzünden und als Brandfackel in den Scheiterhaufen werfen; das Ende der Götter sei dann gekommen.

Mehr und mehr blendet das Licht des anbrechenden Tages den seherischen Blick der Schicksalsfrauen. Denn ihrem natürlichen Wissen sind die in der Zukunft, nur noch von Menschen bestimmten Geschicke unerklärbar. Insbesondere können die Nornen nicht ergründen, was mit Alberichs Ring in Siegfrieds Hand geschehen wird: Während im Orchester Siegfrieds Hornruf (*26) mit dem Fluch-Signal (*13) kollidiert, reißt das Seil. »Zu End' ewiges Wissen! Der Welt melden Weise nichts mehr!« Das ist die letzte Botschaft der Nornen, die sich für immer hinabbegeben »zur Mutter«. Mit dem Nornenseil ist aber nach dem Weisheitsquell und der Weltesche für die Menschen eine weitere natürliche Ressource endgültig verloren.

Abgeschnitten vom kosmischen Geschichtswissen der Nornen, sind sie vollständig auf sich alleine gestellt. Wieder einmal im RING-Geschehen also ein Neuanfang, vorbereitet wird er durch ein allmählich das ganze Orchester umfassendes Crescendo – eine Sonnenaufgangsmusik, in der sich zum einen die Prunkfassung von Siegfrieds Hornruf (*26) vorbereitet, zum anderen ein neues Leitmotiv für Brünnhilde (*34) eingeführt wird. Sein melodischer Duktus erinnert ein wenig an Sieglindes Lobesthema (*24), und in seiner lyrischen Expressivität ist der Gefühlsüberschwang der zur liebenden Frau gereiften Walküre eingefangen.

Gleichwohl hat Brünnhildes Menschwerdung ihre emotionale Walküren-Power nicht gebrochen, wie sich erweist, als sie zusammen mit Siegfried in der traditionellen Heroen-

Tonart Es-Dur in den neuen Tag tritt: Siegfrieds im Blech-
glanz prangenden Hornruf ist ihr Walküren-Motiv (*20)
beigesellt. »Zu neuen Taten« verabschiedet sie den Helden.
Und hat das Paar, wie wir seinem Zwiegesang entnehmen,
in der Nacht Liebesschwüre getauscht, so folgen bei Tag
nun die Liebespfänder: Siegfried überreicht ihr den von Fafner erbeuteten Ring, für ihn nichts weiter als ein Erinne-
rungsstück an zurückliegende Heldentaten. Brünnhilde
wiederum vertraut dem Geliebten ihren vom göttlichen
Luftroß zum landgängigen Paradepferd mutierten Hengst
Grane an. In hymnischem Jubel vereinen sich zum letzten
Mal Siegfrieds und Brünnhildes Stimmen: die musikalische
Klimax eines geradezu ruchlosen Optimismus, der bei ge-
nauerer Betrachtung ganz und gar unangebracht ist.

Siegfried drängt es nämlich aus bloßer Neugier zu weite-
ren Heldentaten, keine Rede also von Sendungsbewußt-
sein. Und Brünnhilde ist es nicht gelungen, ihm die Rich-
tung zu weisen und ihn für die Tücken der Welt zu rüsten.
Wie er der »Wunderfrau« freimütig gesteht, haben ihre
»Lehren« ihn unbelehrt gelassen – vielleicht, weil sie ihm
ausgerechnet in der ersten Liebesnacht verabreicht wurden.
Und Brünnhilde selbst? Sie sonnt sich – nicht anders als
Siegfried – seelig in ihrem momentanen Glück. Und dessen
Unterpfand ist ihr ausgerechnet der Ring: Alberichs
Machtinsignium, umfunktioniert zum Liebesfetisch. Schon
jetzt zeichnet sich ab, daß das nicht gutgehen kann.

Freilich läßt uns Wagner nach Art einer symphonischen
Dichtung, die als »Siegfrieds Rheinfahrt« populär geworden ist, zunächst des Helden frohgemute Welterkundung
miterleben. Beginnend als Dur-strahlendes Orchester-
scherzo, dessen Leitmotivfolge Siegfrieds »Kavalierstour«
minutiös und farbenreich bebildert, trübt sich der Satz gen
Schluß allmählich ein, aus den bisherigen Vorspielszenen

überleitend zum ersten Akt der GÖTTERDÄMMERUNG.
Damit wird in der instrumentalen Verdüsterung die wichtige dramaturgische Funktion dieser Zwischenaktmusik
ohrenfällig: In ihr kippt Wagners Revolutionsdrama von
der hoffnungsfrohen Utopie ins postrevolutionäre, kata-
strophenstrebige Endspiel. Nach Ausschaltung aller über-
und untergeordneter Machtfaktoren (der Götter, der
Riesen, der Nibelungen) kommt dieses einem bürgerlichen
Trauerspiel gleich. In ihm steht auf dem Prüfstand, ob die
gemäß ihres bürgerlichen Selbstverständnisses autonom
agierenden menschlichen Protagonisten überhaupt in der
Lage sind, den im Ring-Verzicht sich bekundenden, von
Wagner geforderten Paradigmenwechsel zu vollziehen.

Gunther und Gutrune: Gibichs degenerierte Erbgewinnler

Die Imposanz von König Gunther und seiner Schwester
Kriemhild aus dem NIBELUNGENLIED billigt Wagner den
Opern-Pendants nicht zu. Ohnehin müssen Wagners
Gibichungen ohne die königlichen Attribute ihrer Vorläufer
auskommen. Gleichwohl sucht Gunthers gewichtig punk-
tiertes Leitmotiv (*35) einen pompösen Anschein zu erwecken. Und Gutrunes in einen zarten Holbläsersatz geklei-
detes Leitmotiv ist nicht nur eine Klangformel für weibliche
Anmut, sondern auch – wie sich an seiner Deformationsan-
fälligkeit erweisen wird – für die Schwachheit der mit ihm
verkoppelten Figur. Den Mangel an eigenständiger
Persönlichkeit hat Gibichs Tochter mit dem Bruder gemeinsam, nur daß sich bei ihm Schwäche und Geistesarmut hinter großspurigem Auftreten verbergen. Im Grunde sind die
Gibichungen lediglich Profiteure ererbter Privilegien. Als
wären sie satourierte Großbürger des 19. Jahrhunderts,
überlassen sie das schmutzige Geschäft der Politik getrost
dem, der sich danach drängt: ihrem Halbbruder Hagen.

Um dies zu eruieren, führt uns der Dichter-Komponist in »die Halle der Gibichungen am Rhein«, Herrschaftssitz von Gunther und Gutrune, der Kinder Gibichs und Grimmhilds. Auch der Bastard-Bruder und Alberich-Sohn Hagen ist vor Ort. Gunthers Frage nach dem Ansehen der Gibichungen nimmt Hagen zum Anlaß, eine Intrige infamer Art einzufädeln. Ihr Zweck ist, den Ring in seine unmittelbare Nähe zu bringen. Ohne Siegfried und Brünnhilde, von deren Liäson Hagens Halbgeschwister keine Ahnung haben, kann das nicht gelingen, und so stellt sich sein Ränkespiel folgendermaßen dar: Er packt Gunther bei seiner Ruhmsucht und macht ihm Brünnhilde schmackhaft, darauf hinweisend, daß nur Siegfried fähig sei, die Schrecknisse der Brautwerbung zu überwinden. Den Wälsung hingegen hat Hagen für Gutrune ausersehen. Sie solle Siegfried bezirzen. Ein Eheversprechen werde dem Helden Anreiz genug sein, für Gunther die Kohlen – sprich: Brünnhilde – aus dem Feuer zu holen. Zwar gibt sich Hagen über die Befähigung der unscheinbaren Gutrune zum Lockvogel keinen Illusionen hin, doch er hat vorgesorgt – mittels eines Vergessenstranks (siehe Seite 86). Der würde dem Helden jede Erinnerung an frühere Liebschaften sofort aus dem Gedächtnis löschen.

Seine Ausführungen spickt Hagen mit profundem Detailwissen, das ihm Alberich in nächtlichen Heimsuchungen zukommen läßt. Vergleichbar dem Leser des vorliegenden Büchleins und im Gegensatz zu seinen Halbgeschwistern, ist Hagen also auf dem allerneuesten Stand der RING-Geschehnisse. Die eigentümliche Zeitstruktur des Werks macht's möglich. Denn langwierige, prozeßhafte Vorgänge sind hier in einer dichten Ereignisfolge zusammengedrängt, so daß beispielsweise Vorspiel und 1. Akt GÖTTERDÄMMERUNG den Zeitraum von nicht einmal

Hagen – Herrscher über lebende Marionetten

Schon in der nordischen Überlieferung ist Hagens Vorläufer Högni der Halbbruder Gunthers/Gunnars. Von Hagen von Tronje, dem Gefolgsmann der Burgunderkönige aus dem NIBELUNGENLIED, hat Wagners Hagen zwar den Rufnamen, nicht aber dessen sprichwörtlich gewordene Nibelungentreue geerbt. Denn in der GÖTTERDÄMMERUNG spielt Hagen einzig und allein sein eigenes Spiel, nicht einmal mehr das seines Vaters Alberich. Er ist also ebensowenig fremdgesteuert und handelt ebenso selbstbestimmt wie bisher Siegfried und Brünnhilde. Gleichwohl ist er deren Gegenfigur und damit Wagners Zerrbild eines freien Menschen. Hagen ist nämlich ausschließlich fixiert auf den Gewinn des Rings. Von seinem Herrschaftswissen macht er gezielt und dosiert Gebrauch, um seine unwissende Umgebung mit Intrigen zu manipulieren, bis er schließlich nicht nur Gunther und Gutrune, sondern auch Siegfried und Brünnhilde wie Marionetten an unsichtbaren Fäden zu seinem Nutzen tanzen läßt.

24 Stunden umfassen. Doch auch ohne genaue Kenntnis der Zusammenhänge ist den Gibichungen der betrügerische Charakter dieser doppelten Eheanbahnung bewußt, und durch ihr »Placet« begeben sie sich in ein moralisch bedenkliches Licht.

Alles verläuft nun nach Hagens Plan. In einer eindrucksvollen Mauerschau beschreibt er, wie ein jagdhornblasender Held in einem mit Pferd bepackten Nachen den Rhein heraufrudert: augenscheinlich Siegfried, den Hagen mit dem Fluch-Motiv (*13) auf den Lippen begrüßt: »Heil Siegfried, theurer Held!« Zunächst von Hagens Zungenschlag gewarnt, erkundigt sich Siegfried, ebenfalls den Tonfall des Fluch-Motivs aufgreifend, danach, woher Hagen ihn kenne. Der beschwichtigt Siegfrieds Mißtrauen

Der Vergessenstrank: Gebräu aus Wasser und Gewissenlosigkeit

Es springt ins Ohr, daß die Klangmarke des Vergessenstranks (*37) mit der des Tarnhelms (*12a) verwandt ist. Der Grund für diese leitmotivische Familiarität liegt in der trugvollen Wirkung, die Trank und Helm gemeinsam haben. Gleichwohl ist Hagens Gebräu kein Zaubersaft, sondern ein dramaturgisches Mittel, das zur zeitlichen Verknappung und szenischen Visualisierung eines allmählichen Vorgangs dient, nämlich Siegfrieds Abkehr von Brünnhilde. Deren Ursache liegt just in jener Eigenschaft des Helden begründet, die ihn zu seinen früheren Taten befähigt hat: seine Gleichgültigkeit gegenüber tradierten Werten. Mit ebendieser Unbekümmertheit gibt sich Siegfried – Gegenwartsmensch, der er ist – nun Gutrunes Reizen hin und verdrängt seine Vergangenheit mit Brünnhilde. Das Fehlen moralischen Gespürs kehrt sich allerdings ebenso gegen ihn selbst. Er ist unfähig, Hagens Trugspiel zu durchschauen. Damit aber problematisiert Wagner in Siegfrieds Niedergang den Tabula-rasa-Effekt einer anarchistischen Revolution: Auch sie würde an Geschichtsvergessenheit scheitern.

mit dem Motiv vom hehrsten Helden (*23) : »Ich kannte dich nur an deiner Kraft.«

Danach führt Hagen den aus instinktiver Antipathie bockenden Grane weg. Ohne Brünnhildes vierbeinigen Geleitschutz aber ist auch Siegfrieds Vorsicht dahin. In argloser Redseligkeit gibt er während des Begrüßungs-Smalltalks Auskunft über sich und seine Abenteuer. Jetzt erst tritt Gutrune hinzu, dem Gast zum Willkomm Hagens unseligen Trank kredenzend. »Gedankenvoll« hält Siegfried das Trinkhorn in der Hand und gedenkt mit einer ungemein lyrischen Reminiszenz an das SIEGFRIED-Finale der fernen Geliebten. Während er »in einem langen Zuge«

trinkt, markieren die Veränderung eines Geigentrillers um
einen halben Ton und das sinistre Motiv des Vergessenstranks, gefolgt von Gutrunes Leitmotiv Siegfrieds Abkehr
von Brünnhilde.

Vom anhimmelnden Blick Gutrunes sogleich betört,
geht es ihm nur noch darum, mit Gunther schnellstmög-
lich handelseinig zu werden. Ein letztes Aufflackern von
sich verflüchtigender Erinnerung, als der Gibichung von
seinen brandgefährlichen Heiratsabsichten berichtet, dann
ist Brünnhilde für Siegfried Vergangenheit. Sofort macht er
sich erbötig, Gunther beim Brautraub beizuspringen; als
Gegenleistung fordert er Gutrunes Hand. Ja, in dem
Brünnhilde zugedachten Betrugsmanöver wird Siegfried
sogar zum tonangebenden Ränkeschmied. Mit Hilfe des
Tarnhelms, auf dessen Funktion ihn Hagen kurz zuvor hingewiesen hat, will er sie in Gunthers Gestalt täuschen.

Umtönt von Fluch- und Vertrags-Motiv besiegeln die
beiden Freier in terzen- und sextenseliger Eintracht ihr un-
lauteres Bündnis durch einen Blutsbrüderschaftseid. In
stürzenden Figuren und düsterem Unisono malen sie jedoch die blutrünstigen Folgen von Verrat.

Hagen beendet die Eideszeremonie, indem er mit einer
markanten synkopischen Geste (*38) im Orchester das
Trinkhorn zerschlägt. Danach der eilige Aufbruch des
frisch verbrüderten Komplizenpaares. Hagen bleibt, nachdem sich Gutrune »lebhaft erregt« in ihr Gemach zurück-
gezogen hat, alleine zurück, zur Wacht sitzend wie sein
Namensgeber aus dem NIBELUNGENLIED an König Etzels
Hof.

Es ist die Stunde, in der Hagen Bilanz zieht und mit zy-
nischer Genugtuung das Gelingen seiner Intrige konsta-
tiert. Ein Monolog von düsterer Großartigkeit: Seinem
dichten leitmotivischen Gewebe drückt jener oben erwähn-

te Synkopensprung in den Bässen den Stempel auf, eine akustische Chiffre für die destruktive Energie dieses Finsterlings.

Darüber hinaus spricht sich hier einer aus, der an seiner Existenz leidet: nicht nur aufgrund dynastischer Zurücksetzung als Bastard, vielmehr wegen der Erziehung »zu zähem Haß« – so Alberich im 2. Akt. Sie hat Hagens Charakter deformiert, ihn zu einem freudlosen Einzelgänger gemacht, weshalb er sich auch von Siegfrieds und Gunthers Freundschaftsbund ferngehalten hat. Die fahlen Farben, die dissonierende Harmonik und die verzerrte Motivik von Hagens Selbstgespräch wirken bei geschlossenem Vorhang in der zum Brünnhildenfelsen zurückleitenden Zwischenaktmusik fort.

Wieder einmal hört man ein Roß durch die Luft herbeistürmen *20; es führt die Walküre Waltraute mit sich, die von Brünnhilde mit einem Dauerlobpreis ihres Liebesglückes überschüttet wird. Erst Waltrautes indignierte Reaktion bremst Brünnhildes Überschwang. Denn nicht um Brünnhilde zu gratulieren, hat sich Waltraute über die von Wotan verfügte Kontaktsperre hinweggesetzt und zur verfehmten Schwester begeben, sondern aus purer Angst. Und so gibt sie – mit Wotans Verzweiflungs-Motiv (*21) aus der WALKÜRE und dem Walhall-Motiv (*6) als musikalischen Hauptgedanken – einen erschütternden Bericht über die Zustände in Walhall seit Brünnhildes Verstoßung, quasi das Ergänzungsstück zu den Erzählungen der Nornen.

Waltraute konfrontiert die Schwester mit einer Götterwelt in Agonie und Lähmung. Ihre Beschreibung gipfelt im trostlosen Bild von der schweigsamen Ratsversammlung der Götter und Helden in der vom Fällholz der Weltesche umschichteten Burg. Dort throne Wotan inmitten seines in Angst erstarrten Hofstaates mit zerbrochenem Speer in der Faust, »stumm und ernst« – ein sorgenvoll dem Ende entgegenschauender, müder Herrscher, Freias lebensspendende Äpfel verschmähend. Seine einzige Regung: ein Lächeln, als seine Raben-Boten »mit guter Kunde« – wohl von Brünnhildes Erweckung – aus der Welt zurückkehrten. Die Walküren, seit der Verbannung der Schwester nicht mehr ins Schlachtengetümmel geschickt, lägen verzagt zu Füßen des Vaters. Doch als sie, Waltraute, sich weinend an seine Brust preßte, habe sich Wotan ein Seufzer entrungen. Gäbe Brünnhilde den Rheintöchtern den Ring zurück, »von des Fluches Last erlöst wär' Gott und Welt!«

Damit ist die Katze aus dem Sack. Der alleinige Grund für Waltrautes Besuch ist, die Schwester zur Herausgabe des Rings zu bewegen. Brünnhildes Weigerung ist so entschieden wie bedenklich: Nie werde sie auf »Siegfrieds Liebespfand« verzichten. Das heißt jedoch: Ausgerechnet Brünnhildes Streben nach privatem Glück droht nun das Geschehen im RING in die von Wotan befürchtete finale Katastrophe zu steuern. Dieser nur allzu menschliche Eigennutz läßt Brünnhilde endgültig mit ihrer göttlichen Vergangenheit brechen, entfremdet sie ihrer Bestimmung zur Fluchlöserin – ebenso geschichtsvergessen und gegenwartsverfallen wie ihr neuer Abgott Siegfried – und verstrickt sie in eine Welt des Verrats, der Intrige und der Schuld. Weshalb die Musik ahnungsvoll mit dem Verzichts-Motiv aus dem RHEINGOLD (*5a) mahnt, als Brünnhilde durch die Schwester den Göttern ausrichten läßt: »Die Liebe ließe ich nie, mir nähmen nie sie die Liebe, stürzt' auch in Trümmern Walhalls strahlende Pracht!«

Was auf Waltrautes wehklagenden Abschied folgt, ist der Vollzug des von langer Hand vorbereiteten Unheils. Mit der Rückkunft des weltverblendeten Siegfried durch den Feuerwall nimmt es seinen Lauf. Unter der Maske des Tarnhelms sich für Gunther ausgebend, hat die Lüge sogar seine Stimme erfaßt und zum Bariton herabgedrückt. Gedämpfte, gestopfte Hörner, auch sonst ein dumpfer Blechbläsersatz und sordinierte Streicher bestimmen hier die orchestralen Leitfarben der einstigen Lichtgestalt, die nun in erster Linie mit dem Vergessens-Motiv *37 verkoppelt ist.

Brünnhilde ist in hilfloser Verzweiflung und vermutet – fälschlicherweise – hinter dem Überfall eine Rache Wotans aufgrund ihrer Verweigerung des Rings. Gleichsam zum Selbstschutz reckt sie ihn dem Eindringling entgegen, der ihr den Ring in einem heftigen Zweikampf entreißt. Sie »schreit heftig auf«, wie einst Alberich bei seiner Entmachtung durch Wotan. Siegfried scheucht die Besiegte in ihr Gemach. Mit natürlicher Stimme ermahnt er sich zum Fairplay gegenüber dem Blutsbruder. Offenbar der einzige Grund, weshalb er von einer Vergewaltigung absieht und zur Nacht zwischen sich und Brünnhilde sein Schwert zu legen gedenkt. Den traurigen Anblick dieser nächtlichen Zweisamkeit verdeckt das Fallen des Vorhangs.

Mit einer gespenstischen, nächtlichen Haßmusik knüpft der Beginn des 2. Aufzug an Hagens Wacht aus dem 1. Akt GÖTTERDÄMMERUNG an. Alberich redet auf den wachträumend vor der Gibichungenhalle sitzenden Sohn ein, gleichsam hektische Einflüsterungen aus dem Unterbewußten, die Hagen zur Treue mahnen. Ein schiefer Dialog, weil Alberichs Drängen ins Leere geht. Hagen bleibt, durchweg in gleichmütiger Haltung verharrend, davon unbeeindruckt. Zwar beschwichtigt er den Vater. Lenken aber läßt er sich von ihm nicht mehr, den Ring will er aus eigenem Antrieb und nur noch für sich. Das heißt wiederum:

Über Alberich ist die Geschichte genauso hinweggegangen wie über Wotan. Zum Herrn der Gegenwart aber hat sich Hagen aufgeschwungen, dessen großer Tag im Kanon der acht Hörner nun anbricht. Zunächst erstattet ihm Siegfried, durch die Macht des Tarnhelms in Blitzesschnelle vom Brünnhildenstein zurückgekehrt, über die Bezwingung Brünnhildes und ihre Übergabe an Gunther Bericht. Gutrune, die sich argwöhnisch nach den Vorgängen im Bett der überwältigten Braut erkundigt und damit dem alsbald die Szene beherrschenden Thema vorausgreift, ist zunächst einfältig und geschmacklos genug, die herbeigezwungene Schwägerin in spe durch ein fröhliches Doppelhochzeitsfest aufheitern zu wollen.

Zu diesem Zwecke ruft Hagen mit martialischem, auf die kleine Klagesekunde geeichtem »Hoiho« die Mannen zusammen: hier Hagens Kriegs-, später der Siegfried zugedachte Todesruf (Notenbeispiel *39). Das Orchester verbreitet mit dem Motiv der Götterdämmerung (*15) Weltuntergangsstimmung. Die Stierhörner gellen, die Gibichsmannen« laufen aufgeregt zusammen, um sich alsbald über einen blinden Alarm zu wundern: Der Heer- entpuppt sich als Hochzeitsrufer, der die Krieger zur Vorbereitung des Fests und zum anschließendem Saufgelage abkommandiert. Damit hat Hagen für Öffentlichkeit gesorgt, so daß im vorprogrammierten Skandal insbesondere der ehrenkäsige Gunther unter erheblichen Druck geraten wird.

Zunächst aber bereiten die Mannen dem per Schiff eintreffenden Brautpaar einen bombastischen Empfang. Das Orchester spielt, umtost von Beckenschlägen und Trommelwirbeln, wie eine Blaskapelle auf. Lediglich Gunthers bleich zu Boden starrende Zukünftige und ihr forschend fragendes Walküren-Motiv (*20) passen nicht so recht ins feierliche Gepränge. Wie ein Prestigeobjekt wird Brünnhilde vorgeführt; der Angeber Gunther protzt geradezu mit der ehetauglichen Neuanschaffung.

Erst bei der Vorstellung des anderen Hochzeitspaares »Gutrun' und Siegfried« schreckt Brünnhilde entsetzt auf, nach und nach begreifend, daß Siegfried sie nicht kennt. Als sie dann noch an seiner Hand den Ring erblickt, dessen Motiv (*1) in einer expressiven Geste über mehr als vier Oktaven herabstürzt, ist die von Hagen arrangierte Situation perfekt: Offenkundig hat Gunther von Siegfrieds Ringraub keine Ahnung, und der wiederum redet sich auf den Erwerb des Rings von Fafner heraus. Zu Recht wittert Brünnhilde Betrug, sie ruft die Götter an als Zeugen und weist Gunther von sich: Sie sei nicht seine, sondern Siegfrieds Gemahlin.

Damit ist die Schlinge gelegt, in der sich Siegfried aufgrund seiner Fähigkeit zur selektiven Verdrängung verfangen wird. Denn Siegfried, der das im Auftrage Gunthers begangene Betrugsmanöver an Brünnhilde halb zugibt, besteht darauf, Gunthers Braut unberührt gelassen zu haben. Deshalb habe er sein Schwert zwischen sie und sich gelegt. Brünnhildes Gedächtnis jedoch reicht weiter zurück, sie hat ja ihre gemeinsame Liebe nicht vergessen. Bedrängt von den Gibichungen und ihren Gefolgsleuten bleibt Siegfried nichts anderes übrig, als seine ungebrochene Treue zum Blutsbruder zu beschwören. Darauf hat Hagen nur gewartet. Er stellt seinen Speer als Sühnewaffe zur Verfügung. Und während Siegfried auf dieses perverse Gegenstück zu Wotans Vertragsspeer seinen Eid ablegt, bekunden die mit Hagen verbundenen synkopischen Sprünge in den Bässen, wer Herr des Verfahrens ist.

Der Schwur ist kaum geleistet, da kommt es zum Eklat. Im Orchester flammt Brünnhildes Walkürenzorn (*20)

Der 2. Akt der Götterdämmerung – Eklat und Grand Opéra

Eine Haupt- und Staatsaktion, eingebettet in ein monumentales Tableau mit Massenauftritt und Chorgesang, der Eklat des Speer-Eids als Klimax, gefolgt von einem Racheterzett: Der 2. Aufzug der GÖTTERDÄMMERUNG ist nach Art der zur Wagnerzeit normensetzenden französischen Großen Oper angelegt. Das ist erstaunlich. Als Musikschriftsteller polemisiert Wagner nämlich heftig gegen dieses Operngenre. In einer geschichtsphilosophischen Betrachtung des RINGS erhält der Rekurs auf den seinerzeit wohl spektakulärsten Operntypus aber Plausibilität: Denn ausgerechnet jenen Teil der Tetralogie, der mit Brünnhildes öffentlicher Erniedrigung und ihrer Verstrickung in Schuld den Tiefpunkt der Handlung bezeichnet, zwingt Wagner in die von ihm als unkünstlerisches Zeugnis eines verdorbenen Zeitgeschmacks herabgesetzte Grand Opéra. Demnach sind Form und Inhalt mit durchaus wertender Absicht in ästhetische Übereinstimmung gebracht. Indem die formale Stilanleihe auf Wagners eigene Gegenwart verweist, schließt sie darüber hinaus den mythischen Skandal um Brünnhilde mit dem 19. Jahrhundert kurz.

auf. Sie reißt Siegfrieds Hand von Hagens Speer und bekräftigt ihre Anschuldigungen, von der Trompete sekundiert, nun ebenfalls durch einen Schwur, Siegfried des Meineids bezichtigend. Ein Affront, der einen Tumult ohnegleichen auslöst.

Mit Macho-Sprüchen über angebliches »Weiber-Gekeif'« beruhigt Siegfried die aufgebrachte Menge und führt sie mit sich weg zum Festmahl. Die Hochzeitsklänge verhallen. Zurück bleibt ein Trio, das im Begriffe ist, sich zu einer auf den Tod Siegfrieds zielenden Verschwörung zusammenzuschließen.

Zum ersten: Hagen als Stifter des Mordbündnisses.
Zum zweiten: Gunther, der durch die peinliche Enthüllung
seiner betrügerischen Brautfahrt öffentlich als Weichei bla-
miert ist und in Selbstmitleid zerfließt. Zum dritten: ratlos
und auf Vergeltung sinnend, Brünnhilde. Außerdem ist sie
von Eifersucht getrieben, seit sie in Gutrunes Liebreiz die
Ursache für Siegfrieds Vergeßlichkeit erkannt hat. Hagen,
in die Rolle von Brünnhildes loyalem Rächer geschlüpft,
gelingt es sogar, ihr ein wichtiges Geheimnis zu entlocken:
Siegfrieds Verwundbarkeit am Rücken. Die dem Kampf
zugewandte Brustseite hatte Brünnhilde dem Geliebten
nämlich ohne dessen Wissen durch ein »Zauberspiel« un-
verwundbar gemacht.

Schwieriger ist es, den feigen Gunther zu überzeugen.
Doch nicht zuletzt mit der Aussicht auf den Besitz des
Rings läßt er sich ködern, zumal Gutrune der Mord als
Jagdunfall verkauft werden soll. Wie eine fixe Idee durchzieht das Gespräch jener Kriegs- und Todesruf (*39) mit
dem Hagen die Mannen zum Hochzeitsappell hat antreten
lassen. Wenn Hagen aus Ring-Gier, Brünnhilde aus Rach-
sucht und Gunther zur eigenen Ehrenrettung ihre unheili-
ge Allianz im dreistimmigen Gesang besiegeln, so steht
solche gleichzeitige Willensbekundung trotz unterschiedli-
cher Beweggründe Wagners Auffassung vom Ensemble-
gesang als Ausdruck von Übereinstimmung eigentlich entgegen.

Indessen ist die Terzettbesetzung für die Monstrosität
dieses Dreibunds ein unmittelbar einleuchtendes Klang-
symbol. Schließlich überblendet Wagner, ein Meister der
tragischen Ironie, den blutrünstigen Dreigesang mit den
heiteren Klängen des Brautzugs. Allerdings haben bei fal-
lendem Vorhang Hagens Todesruf in den Posaunen und
Drohgebärden in den Bässen das letzte Wort.

Noch ist der Vorhang zum dritten Aufzug geschlossen, auf der Bühne klingen die Jagdsignale Siegfrieds, Hagens und Gunthers, aus dem Orchester der Todesruf. Mit dem Natur-Motiv (*2b) im Hörneroktett ein akustischer Szenenwechsel. Wagner blendet über in einen barkarolenhaften Klarinettengesang, ein Vorgriff auf das wehmütig dem Glanz des Rheingolds nachtrauernde Lied der Rheintöchter (*40). Refrainartig wird es die kommende, in einem wilden Wald- und Felsental spielende Szene durchziehen. Die Rheintöchter warten auf den vom Jagdpech verfolgten Siegfried, dem sie den Ring abhandeln wollen – zunächst im Tausch für das bisher ausgebliebene Wild und durch Scherz und Flirt.

Tatsächlich geht es aber um eine beispielhafte, bewußte und freiwillige Verzichtsleistung. Deshalb treten die Nixen Siegfried alsbald ernst wie die Nornen entgegen, mit dem Fluch-Motiv (*13) auf den Lippen vom Verderben singend, das seit »fernster Zeit« dem Ring anhaftet. Und hatten im NIBELUNGENLIED zwei Meerweiber Hagen und den Burgundern das Ende prophezeit, so sagen Wagners Fischfrauen Siegfried den baldigen Tod voraus, falls er ihnen den Ring nicht zurückgebe.

Dem zum Weltmann verblendeten Naturburschen wird nun seine Furchtlosigkeit zum Verhängnis. Dem Natürlichen entfremdet, fehlt ihm die Einsicht in die Notwendigkeit des Ring-Verzichts. Ertaubt für die Stimme der Natur, glaubt er sich lediglich durch Drohung zur Herausgabe des Rings genötigt. »Für der Minne Gunst« hätte er ihn den Rheintöchtern vielleicht getauscht, nicht aber aus Angst. In Furcht gebunden, sind ihm »Leben und Leib« gerade soviel wert wie eine Erdscholle – und die wirft er hinter sich. Was bleibt den Rheintöchtern anderes, als unverrichteter Dinge abzuziehen? Hin zu Brünnhilde wollen sie sich wenden, die der törichte Siegfried unwissend verworfen habe.

Dieser sieht ihnen lächelnd nach, den erotischen Gebrauchswert der »zieren Frauen« mit chauvinistischer Kennermiene taxierend. Unbekümmert erzählt er der eintreffenden Jagdgesellschaft von der Mordprophezeiung durch die Rheintöchter, und Hagen bereitet dem vergeßlichen Helden ein geradezu zynisches Ende. Er drängt ihn zur Vergangenheitsbewältigung, zum Lebensbericht, mit dem Siegfried seinerseits den vom schlechten Wissen geplagten Gunther aufheitern will. Siegfrieds Wiederentdeckung seiner verlorenen Jugend durch die Kraft der Erinnerung ist zum einen eine Kurzfassung der vorausgegangenen Oper, zum andern zitiert sie die Lieder des Waldvogels.

Hagen reicht Siegfried schließlich sogar – quasi als Antidot für das Vergessensgift – einen Erinnerungstrank. Der macht jedoch nur deutlich, was ohnehin geschehen würde: daß nämlich die Ereignisfolge seiner Lebenschronik Siegfried zwangsläufig Brünnhilde wieder ins Gedächtnis zurückrufen würde. Gunther aber springt – durch Siegfrieds Erzählung in die Lage gebracht, Hagens Intrige nun restlos zu durchschauen – »in höchstem Schrecken« auf.

Die Ereignisse überstürzen sich. Wotans Raben sind aufgeflogen, Siegfried wendet sich nach ihnen um. Fluch-Motiv (*13) und Todesruf (*39) erklingen: Gunther gelingt es nicht, Hagen zurückzuhalten. Der rammt seinen Speer Siegfried in den Rücken, verzerrt bricht das Motiv vom hehrsten Helden (*23) ab. Siegfried stirbt zu den Klängen von Brünnhildes Erwachen. Ihr gilt sein letzter Gruß. Gleichwohl stirbt er ahnungslos: unmittelbar vor dem Begreifen der Schuldzusammenhänge, in die er in der Menschenwelt geraten ist, und somit ohne jene Erkenntnis, die ihn zum wissenden Helden hätte formen können – zum

Der »Trauermarsch« – Kondukt und orchestraler Chor

»Alles Abendröte, Sommerluft, Spätsommer, tiefes Glühen, Trauer webt in allem. Siegfried von seinen Taten erzählend, die rührende Erinnerung. Tragisch jäh bricht die Nacht ein.« Klangsigle für den von Nietzsche beschriebenen Nachteinbruch ist das Todes-Motiv (*41) , das erstmals ertönt, als Siegfried, von Hagens Speer getroffen, zurücksinkt. Es durchzieht jenes zum Schlußbild überleitende Zwischenspiel, das als Trauermarsch populär wurde und mit den maßgeblichen Leitmotiven der Wälsungen auf deren Schicksale Rückschau hält. Wagner charakterisiert – in Anspielung auf die das Bühnengeschehen kommentierende Funktion des Chores in der antiken Tragödie – dieses Tongemälde folgendermaßen: »Ich habe einen griechischen Chor komponiert, aber einen Chor, der gleichsam vom Orchester gesungen wird – nach Siegfrieds Tod.«

Erlöser vom Fluche des Rings. Wenn das Orchester im Rückblick auf die Wälsungen die Totenklage anstimmt, gilt die Trauer also der Vergeblichkeit ihres Lebens und Sterbens.

Die Musik fällt schließlich in sich zusammen, um »auch noch dem stummen Elend Sprache zu geben« (Friedrich Nietzsche): der vor der Gibichungenhalle sorgenvoll nach Siegfrieds ausbleibendem Hornruf lauschenden Gutrune. Hagen präsentiert ihr höhnisch Siegfrieds Leichnam: »eines wilden Ebers Beute«. Und wieder geht es Schlag auf Schlag. Gutrune bezichtigt Gunther des Mordes, der die Verantwortung auf Hagen abschiebt – »Er ist der verfluchte Eber, der diesen Edlen zerfleischt!« Der brüstet sich der Tat; und es wird klar, weshalb Siegfried auf Hagens Speer schwören sollte: damit Hagen nun unter dem Anschein des Rechts zum Lohn für die Bestrafung des eidbrüchigen

Helden dessen Ring fordern kann. Im Streit um »Gutrunes Erbe« wird Gunther von seinem Halbbruder erschlagen.

Hagen will nach dem Ring greifen, drohend reckt sich Siegfrieds Hand empor: einerseits eine Mythenfortschreibung der Bahrprobe aus dem NIBELUNGENLIED, wo des toten Sigfrids Wunden beim Herantreten seines Mörders Hagen von Tronje wieder aufbrechen, andererseits Wagners Symbol dafür, daß Siegfried im Tode heimgekehrt ist in die Natur. In der erhobenen Hand des Toten wird also – vergleichbar Erdas Mahnung an Wotan im RHEINGOLD – der Einspruch des Natürlichen manifest, um das schlechthin Naturwidrige zu verhindern: Hagens Machtergreifung. Im selben Moment tritt Brünnhilde auf den Plan, durch das Motiv der Götterdämmerung (*15) und das Natur-Motiv (*2b) ausgewiesen als Kind der Urmutter Erda und aufgeklärt durch den Rat der Rheintöchter. Indem sie Hagens Heiratsintrige aufdeckt, wehrt sie Gutrunes Vorwürfe ab, die sich daraufhin »ersterbend« von Siegfrieds zu Gunthers Leichnam wendet – vollständig gebrochen und der Erbärmlichkeit ihrer Existenz schamvoll bewußt.

Mit jenen apokalyptischen Klängen, in denen die dritte Norne und Waltraute Walhalls Untergangsszenario beschrieben, geht es nun an das Ende, und seine Vollstreckerin ist Brünnhilde. Einen Scheiterhaufen läßt sie für Siegfried »am Rande des Rheins« errichten. Sie nimmt den Ring an sich und setzt den Holzstoß in Flammen: die irdische Initialzündung für den Brand Walhalls. Ein letztes Mal fliegen Wotans Raben auf, um ihrem Herrn die Vollzugsmeldung zu überbringen. Brünnhilde aber sprengt auf ihrem Roß Grane mitten hinein in die Flammen.

Das szenische Geschehen wird überhöht von Brünnhildes Schlußgesang, in ihm erfährt es seine Begründung und Deutung. Und das Resümee der durch Schuld und

Der Ring – ein Werk mit mehreren Schlüssen?

Die letzte Szene ist ein wichtiger Fingerzeig zum Gesamtver-
ständnis der Tetralogie, woraus sich erklärt, daß sich Wagner mit der Schlußfindung besonders schwertat. In der frühesten Version (1848) stirbt Siegfried einen Opfertod, der
als Sühne für die Verfehlungen der Götter den Fortbestand
ihrer Herrschaft sichert, und Brünnhilde ruft Wotan zu: »Nur
einer herrsche: Allvater! Herrlicher du!« Freilich ist damals
auch schon eine andere Lösung angedacht, wonach die
Götter vor dem Beispiel des freien Helden Siegfried verblas-
sen und im Sinne Ludwig Feuerbachs als menschliche
Wunschprojektionen überflüssig werden. Die endgültige
GÖTTERDÄMMERUNG stammt aus dem Jahre 1852. Allerdings
formuliert Wagner 1856, beeinflußt von Schopenhauer,
zwei unkomponiert gebliebene nihilistische Schlußpassa-
gen, in denen Brünnhilde Weltentsagung lehrt. Zwar kehrt
Wagner zu der Lösung von 1852 zurück, streicht aber einen
in den schönen Versen endenden Abschnitt: »Selig in Lust
und Leid läßt – die Liebe nur sein.« Warum? Die Verse wurden unnötig, weil die Musik gerade dies zum Ausdruck
bringt.

Leid gegangenen und so zum vollbewußten Menschsein
gereiften Wotanstochter ist getragen von einem dichtver-
strebten leitmotivischen Gefüge, das in seinen vielsagenden
Rückbezügen unter der Geschichtslast schier zusammen-
bricht. Damit kommt Brünnhildes Abschied einem
Vermächtnis in Wort, Ton und Tat gleich. Mit ihm wendet
sie sich ausgerechnet an jene, die bisher allenfalls in der Art
unselbständiger, zur Staffage abgerichteter Herdentiere
eine Rolle spielten: an die Gefolgsleute der Gibichungen.
   Ihnen deutet sie Siegfrieds Tod als tragische Konsequenz
aus dem Wechselspiel von trügerischer Götter- und verbre-
cherischer Ring-Herrschaft und als ein gleichermaßen

furchtbares wie notwendiges Menschenopfer. Denn erst durch Siegfrieds Verrat und Tod wurde Brünnhildes egoistisches Glücksstreben gebrochen, so daß sie nun fähig ist, mit der freiwilligen Rückgabe des Rings an die Rheintöchter ein für allemal ein Zeichen zu setzen. Durch ihre Selbstverbrennung – gleichzeitig liebestodverheißende Vereinigung mit dem Geliebten und Läuterungsfeuer für den fluchbelasteten Ring – steht Brünnhilde mit Leib und Leben für ihr Vermächtnis ein.

Nichts weniger beinhaltet es als die Ausschaltung der beiden bisher gesellschaftsprägenden Machtfaktoren: zum einen der Politik durch die Götterdämmerung; zweitens des Besitzes durch den Verzicht auf den Ring. Brünnhildes Absage an die bisherigen Verhältnisse gründet also auf vergangenheitsbewältigender Trauerarbeit. Die wiederum verleiht der Rede einen eminent aufklärerischen Duktus. Solche zu beispielgebendem Handeln führende Geschichtsbewußtheit wiederum legt nahe, in Brünnhilde Wagners Idealvorstellung eines revolutionären Menschen verkörpert zu sehen, konzipiert als Leitfigur für die damalige Gegenwart.

Was aber Brünnhilde den Gibichsleuten an Zukunftsvision hinterläßt, tönt wortlos aus der Musik. Und so ist die Musik nicht allein Klangillustration jener Vorgänge, die nach Brünnhildes Sühnetod die Szene bestimmen: Zusammensturz der Gibichungenhalle, Überflutung der Brandstätte durch den Rhein und Hagens Unschädlichmachung durch die Rheintöchter. Die ziehen nämlich den Nibelungensohn beim Versuch, sich den Ring zu retten, hinab in die Tiefe, um endlich selbst »jubelnd den gewonnenen Ring in die Höhe« zu halten, wozu ihr ursprüngliches Wellen-Motiv (*3) aus dem RHEINGOLD wiederkehrt. Die Musik malt also nicht alleine den über dem Horizont aufglühenden Brand Walhalls, sondern sie setzt darüber hinaus ein melodisches Hoffnungszeichen (*24), das sich schon die Bahn brach, als Brünnhilde ihren Liebestod einsang. Davor erklang es nur ein einziges Mal während der Tetralogie, nämlich als Sieglinde Brünnhildes Opferbereitschaft pries, damals keimhafter Aufschein einer uneigennützigen Liebe, die nun zu einer auf das Wohl des gesamten Menschengeschlechts sinnenden All-Liebe aufgeblüht ist.

Bleibt die Frage: Ist Brünnhildes Utopie einer lediglich auf Liebe gegründeten Gesellschaft, die sich – so Wagner – »im von aller Konvention losgelöste(n) Reinmenschliche(n)« genügt, mehr als ein erstrebenswertes Ideal? Betrachten wir dazu die Männer und Frauen auf der Bühne, in Wahrheit nichts anderes als unsere theatralischen Spiegelbilder. Sie beobachten Walhalls Untergang nicht verständnislos, sondern »in höchster Ergriffenheit«. Ein Hinweis darauf, daß Brünnhildes Aufklärertum sie zu verständigen, das heißt zu mündigen Menschen herangebildet hat? Dann hätten sie aus der Geschichte des RINGS DES NIBELUNGEN gelernt. Was aber wäre nach dem Zusammenbruch der alten Ordnung mit solchem Wissen anzufangen? – Darüber fällt der Vorhang.

Der Ring und seine Folgen

»Wagner hat erreicht, was noch kein Künstler vor ihm auch nur anzustreben sich vermessen hatte ... Bayreuth ist zwar kein ›Nationales Unternehmen‹ ... Aber unzweifelhaft ist es die stärkste individuelle Leistung, die zu denken ist ... Reiner und vollständiger haben sich nie die Intentionen eines Künstlers in die Wirklichkeit übertragen lassen.« Solche Anerkennung wurde Wagner anläßlich der Bayreuther Festspiele 1876 nicht von irgendeinem Jünger gezollt, sondern von einem renomierten Gegner, dem Journalisten Paul Lindau. Geradezu vernichtend hingegen die Kritik vom Festspielleiter selbst. Am 23. Juli 1878 gipfelte sie in der gegenüber seiner Frau Cosima gemachten Feststellung: »Es war alles falsch!«

Damit blickte Wagner nicht nur auf das finanzielle Desaster zurück, das seine erste und einzige RING-Produktion hinterlassen hatte, so daß erst 1894, also elf Jahre nach dem Tod des Komponisten, an eine Wiederaufnahme des RINGS in Bayreuth zu denken war. Vielmehr war sich Wagner der künstlerischen Unvollkommenheit der Aufführungen bewußt, die gemäß dem damals üblichen historistischen Inszenierungsstil eine Rekonstruktion mythischen Germanentums versuchten.

Somit ist Wagners Stoßseufzer vom September 1878: »Nachdem ich das unsichtbare Orchester geschaffen, möchte ich auch das unsichtbare Theater erfinden!«, ein tragikomischer Reflex auf die zwei Jahre zuvor gesammelten Bühnenerfahrungen, mochte das Bonmot auch auf den gerade im Entstehen befindlichen PARSIFAL gemünzt gewesen sein.

Bleibt also festzuhalten, daß der dem Zeitstil verhaftete Theaterpraktiker Wagner hinter den avantgardistischen Vorgaben des Dichter-Komponisten weit zurückblieb. Gleichwohl fügte sich gerade diese mißglückte Bühnenrealisation einer für viele Jahrzehnte bestimmenden, nichtsdestoweniger schrägen germanophilen Werkrezeption. Zeugnis solch naiven Werkverständnisses ist etwa die »Hundinghütte«, die sich Wagners Hauptmäzen Ludwig II., König von Bayern, in Anlehnung an das Bayreuther Bühnenbild in der Umgebung von Schloß Linderhof errichten ließ. Ganz ähnlich die Wagner-Begeisterung Kaiser Wilhelm II., dessen Autohupe auf Donners »Heda! Hedo!« gestimmt war und der bezüglich der WALKÜRE äußerte: »Wie ergreifend, wie urgermanisch! Mir ist, als hätte ich mit den Wälsungen gelebt!«

Die Parteinahme des Hohenzollern für prähistorischen Inzest wäre an und für sich bloß sonderbar. Als Folge einer nationalistischen Vereinnahmung von Wagners Tetralogie ist sie aber bedenklich. Der RING, verwandelt zur identitätsstiftenden Volksmythe für die 1870/71 im Zweiten Kaiserreich zur Einheit gelangte deutsche Nation: Schon Cosima, seit 1886 Leiterin der Festspiele, leistete solcher Wilhelminisierung von Wagners Werk Vorschub. Mit Hilfe der Festspiele »das Bewußtsein des Deutschthumes zu kräftigen«, ist ihr laut einem Brief aus dem Jahre 1891 ein wichtiges Anliegen.

Publizistisches Hilfsmittel hierfür sind die 1878 noch von Wagner ins Leben gerufenen BAYREUTHER BLÄTTER. Die Hauspostille der Wagnerianer bereitete während ihres fünfzigjährigen Erscheinens unter ihrem Herausgeber Hans von Wolzogen einer völkischen, judenfeindlichen und antidemokratischen Werk-Deutung das Feld. Und so konstatierte Hans Heinz Stuckenschmidt im deutschen Schicksalsjahr 1933 bitter: »Wenn heute Bayreuth unter dem Zeichen des Hakenkreuzes steht, so haben wir das Hans v. Wolzogen und seiner Zeitschrift zu danken.«

Ebenso wurden Wagners Bühnenfiguren vom militaristischen Zeitgeist des Zweiten Kaiserreichs absorbiert, wie sich etwa während des Ersten Weltkriegs an der Namensgebung für Offensiven und Stellungen durch die Oberste Heeresleitung erweisen sollte: Da gibt es – in Verquickung von Opernpersonal und NIBELUNGENLIED – Hunding- und Brunhild-Stellungen oder die Siegfried-Linie, auch ein Unternehmen Alberich und eine Hagen-Offensive. Und Mime wurde zum Inbegriff »welscher Tücke«. Zwar mochte derlei Instrumentalisierung zu Kriegszwecken die Werksubstanz unangetastet lassen, nicht aber der Antisemitismus. Hierbei glaubten sich die Wagnerianer durch ihren Abgott höchstselbst legitimiert, denn der hatte schon 1850 durch das Erscheinen des Skandal-Pamphlets DAS JUDENTUM UND DIE MUSIK seinen Judenhaß öffentlich gemacht. Und so war es gang und gäbe, Mime als Judenpersiflage auf die Bühne zu stellen, so daß sich Gustav Mahler, 1898 RING-Dirigent der Wiener Hofoper, über einen Mime-Darsteller ärgerte: »Das Ärgste an ihm ist das Mauscheln.« Obwohl keine einzige Äußerung überliefert ist, in der Wagner selbst einer antisemitischen Deutung des RINGS das Wort geredet hätte, war diese schlimme Aufführungstradition prägend. Noch in Theodor W. Adornos VERSUCH ÜBER WAGNER von 1952 hinterläßt sie ihre Spuren. Darin zeigt sich Adorno überzeugt, daß Mime von Wagner als Judenkarikatur angelegt wurde.

Nach dem Kriegsende 1918 gerierte sich Bayreuth weiterhin als Hort der Reaktion. Mit Bedacht wurde nach zehnjähriger Spielpause 1924 zur Wiedereröffnung der Festspiele die schwarzweißrote Flagge des untergegangenen Kaiserreichs gehißt. »Die neuen Reichsfarben«, so tadelte damals Karl Holl in der FRANKFURTER ZEITUNG, »sind unbekannt.« Schon ein Jahr zuvor hatte der in Bayreuth ansässige Rassenfanatiker Houston Stewart Chamberlain, seit 1908 verheiratet mit der Wagner-Tochter Eva, das unselige Band zwischen Adolf Hitler und dem Wagner-Clan geknüpft, so daß sich nach dem Marsch der Nazis auf die Münchner Feldherrnhalle (1923) Winifred Wagner – Frau des Wagner-Sohnes Siegfried und nach dessen Tode (1930) Festspielleiterin – in einem offenen Brief vor den gescheiterten Putschisten stellte: »Seit Jahren verfolgen wir mit größter innerer Teilnahme und Zustimmung die aufbauende Arbeit Adolf Hitlers.« Der Mann aus Braunau in der Rolle jenes erhofften Siegfried,

Hitlers Wagner – ein Zerrbild selektiver Wahrnehmung

Von Hitler selbst stammt die Aussage, er habe mit Ausnahme Wagners »keine Vorläufer« gehabt. In der Tat fließt in Wagners Leben und Werk zusammen, was prägend auf Hitlers Persönlichkeit wirken konnte: die Vorliebe fürs »Mythisch-Ursagenhafte« (Thomas Mann), Theatralik und Antisemitismus. Joachim Köhler vertritt deshalb in seiner Abhandlung WAGNERS HITLER (1997) die Auffassung, daß der RING eine Hauptquelle für Hitlers Rassenwahn und dessen kriegerische Untergangsszenarien gewesen sei. In der Folge habe der braune Diktator die Realität dem Bühnenfestspiel gleichsam unbequemt, und so kommt Köhler zu dem Schluß: »Das Stück, in dem Hitler seine Bombenrolle spielte, war Wagners Ring.« Gleichwohl bleibt festzuhalten: Im Grunde ist Hitler ein zeittypisches Musterbeispiel für jene rechtsreaktionäre Wagner-Usurpation, die nur durch die Ausblendung wesentlicher Werkinhalte möglich war. Demnach ist Hitlers Wagner das Zerrbild eines Halbgebildeten.

der das auf den Schlachtfeldern vor Verdun zerbrochene Schwert Notung wieder zusammenfügen werde? Allen Ernstes wurde in den zwanziger Jahren der RING-Fundus zu derlei metaphorischer Ausschmückung deutscher Revanchegelüste geplündert.

Die Auslieferung Wagners an die braunen Machthaber war im »Dritten Reich« dann vollständig und freiwillig. Beispielsweise schenkte die Deutsche Industrie- und Handelskammer Hitler 1939 zum 50. Geburtstag neben anderen Wagner-Autographen die Reinschriften von RHEINGOLD und WALKÜRE, die aus dem Besitz der Wittelsbacher angekauft worden waren. Wahrscheinlich begleite-

Thomas Mann: eine ins Exil führende Wagner-Passion

Thomas Manns (1875 – 1955) lebenslange Auseinandersetzung mit Wagner ist vielfältig dokumentiert: wie in Briefen und Essayistik (RICHARD WAGNER UND ›DER RING DES NIBELUNGEN‹ von 1937), so im erzählerischen Œuvre, beispielsweise in der Novelle WÄLSUNGENBLUT (1906/21). In ihr geben sich die aus neureichem, jüdischem Elternhaus stammenden Zwillinge Siegmund und Sieglinde nach dem Besuch einer WALKÜRE-Aufführung aus Überdruß am Luxus dem Inzest hin: eine Mythenfortschreibung zur Bloßstellung dekadent-epigonaler Lebensweise. Zum Politikum aber wurde Manns Wagner-Essay von 1933. Schon deshalb, weil er mit Formulierungen wie: »Alberichs Tarnkappe ist das Generalsymbol dieses Vermummungsgenies«, keine vergötzende, sondern eine aufklärerische Wagner-Würdigung vornahm. Wagners »geistige Gestalt« als »vollkommener Ausdruck« des 19. Jahrhunderts: Mit solchem Beharren auf Wagners Unzeitgemäßheit in einer vom Machtantritt der Nazis geprägten Gegenwart versuchte der Autor, seinen reaktionären Zeitgenossen den Zugriff auf Wagner zu verwehren – wofür er mit dem Exil bezahlen mußte.

ten die Partituren 1945 Hitler in den Bunker der Berliner Reichskanzlei, seitdem sind sie verschollen. Eine »Operation Walküre« – so der Codename für die Stauffenberg-Verschwörung von 1944 – gegen den Wagner-Mißbrauch von rechts hat es in der ersten Hälfte des 20. Jahrhunderts nicht gegeben. Widerstand meldete sich nur vereinzelt. Bernhard Diebold etwa hatte schon 1928 geklagt, daß »die RING-Tragödie ... zur Komödie vom verschobenen Wagner« verkommen sei, weil die Linke ihn gedankenlos der Rechten überlassen habe. (Übrigens in der Nachfolge von Karl Marx, der mit Blick auf die ersten Bayreuther Festspiele das Wort vom »Staatsmusikanten Wagner« geprägt und auch zu späterer Gelegenheit Wagners »Geilheitsgötter« bespöttelt hatte.)

Als dann Thomas Mann 1933 aus Anlaß von Wagners 50. Todestag in München seinen Vortrag LEIDEN UND GRÖßE RICHARD WAGNERS hielt, konnte der Autor nicht ahnen, daß sein Eintreten für ein von deutschtümelndem Mißbrauch gereinigtes Wagner-Bild Leute vom Schlage eines Richard Strauss oder Hans Pfitzner zu einem Kesseltreiben veranlassen würde, das Mann schließlich aus Deutschland vertrieb.

Indessen waren noch zu Wagners Lebzeiten für eine fortschrittliche Würdigung seines Werks die Grundlagen gelegt worden, insbesondere durch Friedrich Nietzsche, für den »Wagner unter Deutschen bloß ein Mißverständnis« war, und durch den französischen Wagnérisme mit Charles Baudelaire als einem seiner Gründungsväter. Ein Beispiel dieser linksrheinischen Wagner-Rezeption ist Elémir Bourges' Décadence-Roman LE CRÉPUSCULE DES DIEUX (1884), die Verfallsgeschichte eines deutschen Fürstengeschlechts, an deren Ende eine Bayreuther Aufführung der titelgebenden GÖTTERDÄMMERUNG steht. Aubrey Beardsleys Zeich-

Friedrich Nietzsche – Wagners bester Freund-Feind

Wagner hatte den Philosophen Friedrich Nietzsche (1844 bis 1900) 1868 in Leipzig kennengelernt, der Beginn einer einzigartigen Künstlerfreundschaft, die nach 1876 (letzte Begegnung in Sorrent) endgültig auseinanderbrach. Tut sich in Nietzsches DIE GEBURT DER TRAGÖDIE AUS DEM GEISTE DER MUSIK von 1872 unüberhörbar Wagnernähe kund, so gehört Nietzsches spätere Wagner-Kritik zum Erhellendsten, was je über den Komponisten gesagt worden ist. Mit einem Scharfblick ohnegleichen begriff Nietzsche Wagner als ein Phänomen der Moderne, weshalb er ihn der französischen Décadence an die Seite stellte. Damit aber versuchte er, Wagner der teutonischen Vereinnahmung zu entziehen, etwa in ECCE HOMO (1889): »Man hatte Wagner ins Deutsche übersetzt! Der Wagnerianer war Herr über Wagner geworden! – Die deutsche Kunst! Der deutsche Meister! Das deutsche Bier! ...« Thomas Mann, in Sachen Wagner Nietzsches gelehriger Schüler, hat dessen »unsterbliche Wagnerkritik« auf den Punkt gebracht; er rühmt sie »als einen Panegyrikus mit umgekehrtem Vorzeichen, als eine andere Form der Verherrlichung«.

nungen zu RHEINGOLD (1896) und SIEGFRIED (1893) sind wiederum »morbide Kommentare zur englischen Dekadenz« (Günter Metken), während James Joyce in der »Sirenen-Szene« des ULYSSES (1922) in einem virtuosen, stilistischen Vexierspiel das erste Bild des RHEINGOLD ironisch aufblitzen läßt. Wichtigster englischsprachiger Beitrag zu Wagners RING ist aber George Bernhard Shaws THE PERFECT WAGNERITE (1898), eine sozialistische Deutung der Tetralogie mit Alberich als »eingeschworenem Plutokraten«, die leider in Deutschland kaum Beachtung gefunden hatte.

Welch seltsame Koinzidenz, daß sich zur selben Zeit Leo Tolstoi anläßlich einer Moskauer Aufführung des SIEGFRIED in seinem Traktat WAS IST KUNST? über den RING ausließ — wohl der bornierteste Beitrag zum Fall Wagner, den eine Geistesgröße des 19. Jahrhunderts sich hat einfallen lassen. Um so kreativer Sergej Eisensteins WALKÜRE-Inszenierung am Moskauer Bolschoi-Theater von 1940, deren politische Bedeutung vor dem Hintergrund des 1939 geschlossenen Hitler/Stalin-Paktes zu sehen ist. Zukunftsweisend vor allem: Eisensteins Hinzuziehung pantomimischer Chöre, die beispielsweise Sieglindes Erzählung aus dem 1. Akt begleiteten.

Aus der Kompromittierung Wagners durch den nationalsozialistischen Mißbrauch zogen die Wagner-Enkel Wieland und Wolfgang nach dem Krieg Konsequenzen. In der 1951 wiedereröffneten »Werkstatt Bayreuth« wurde die RING-Bühne zunächst behutsam, dann rigoros entrümpelt. Ein Neuanfang ohne realistische Kulissen, geschult am Vordenker moderner Bühnenästhetik Adolphe Appia, der schon 1892/97 in DIE MUSIK UND DIE INSZENIERUNG »die Abkehr vom Naturalismus der Szene« (Oswald G. Bauer) gepredigt hatte. Orientiert an Richard Wagners Wort vom »Reinmenschlichen«, wurden die Figuren entgermanisiert und in gräzisierenden Kostümen auf einer von einem Rundhorizont umgebenen Spielscheibe ins Zeitlose entrückt: (tiefen)-psychologisch gedeutete Symbolgestalten. Robert Doningtons RICHARD WAGNERS RING DES NIBELUNGEN UND SEINE SYMBOLE (1963) liefert dazu ein aus der Schule C. G. Jungs stammendes textliches Pendant.

Die Gegenbewegung zum Neubayreuther Abstraktions-Theater gipfelte im Bayreuther »Jahrhundert-Ring«, den 1976 Patrice Chéreau inszenierte: als allegorische Politparabel des 19. aus dem Blickwinkel des 20. Jahrhunderts. Seitdem oszillieren die Regie-Konzeptionen, wie sich an den nachfolgenden Bayreuther RING-Inszenierungen zeigen läßt, zwischen Besinnung auf den zeitenthobenen Symbolgehalt des Werks und der Reflexon über seine Geschichtlichkeit. Auf Sir Peter Halls »Fantasy-Märchen« (1983 – 1986) folgte von 1988 bis 1992 Harry Kupfers »Ring nach Tschernobyl«, ein Katastrophenszenario mit unmittelbarem Gegenwartsbezug, dann der bis 1998 auf dem Spielplan stehende RING von Alfred Kirchner in der Ausstattung Rosalies – ein postmodernes Zeichenspiel.

Den beharrlichsten Versuch, Wagner vom Teutonen-Sockel herunterzuholen, dürfte jedoch die komische Muse unternommen haben, die in ihrer teils freiwilligen, teils unfreiwilligen Fixierung auf den Meister aus Bayreuth geradezu zwanghaftes Verlangen nach seiner Nähe bekundete. Denn, wie Fritz Lang in seinem Stummfilm-Epos DIE NIBELUNGEN (1924) einen Bogen um Wagner zu machen, das war eher die Ausnahme. Ihm mit gleicher Gigantomanie beizukommen, dieser kompositorischen Anstrengung mochten sich wiederum nur August Bungert mit einer Odysseus-Tetralogie HOMERISCHE WELT (1896–1903) oder Felix Draeseke mit dem »Mysterium in einem Vorspiel und drei Oratorien« CHRISTUS (1895–1899) unterziehen, gleichwohl waren in der Wagnernachfolge Germanen- und deutschmittelalterliche Opern en vogue – prominentestes Beispiel dafür: Richard Strauss' Erstling GUNTRAM (1895). Egon Wayrer-Fauland indessen war selbst Wagners RING noch nicht vollständig genug. Deshalb ergänzte er mit dem Dramentext ERDA – entworfen 1938, publiziert 1977/78 und einzufügen zwischen RHEINGOLD und WALKÜRE – die Tetralogie zum Fünfteiler.

Nicht minder ernst gemeint war jene erstaunliche Entdeckung im Leitmotiv-Dschungel, über die 1906 Dr.

Der Ring und seine Folgen

Moritz Wirth in seiner Broschüre MUTTER BRÜNNHILDE
berichtete: Ein zur »Milchdrüsen- oder Lusttriole« erklärtes
Dreitonmotiv wurde Wirth zum Indiz für eine Schwangerschaft der Wotantochter.

In jüngerer Zeit hat insbesondere die Jurisprudenz
Wagners Nibelungen-Personal ins Visier genommen, selbst
im Scherz noch mit berufsbedingter Akribie. Den Anfang
machte eine strafrechtliche Untersuchung Ernst von Piddes, die posthum erstmals 1968 vorgelegt wurde. Piddes
»leider an manchen Stellen unterlaufenen Fehlbeurteilun-
gen« weiß Stefan Seiler in seiner 1993 veröffentlichten Dis-
sertation DAS DELIKT ALS HANDLUNGSELEMENT IN RICHARD
WAGNERS »RING DES NIBELUNGEN« korrigierend abzuhel-
fen. Schon vier Jahre zuvor hatte sich Herbert Rosendorfer
die zivilrechtliche Begutachtung WEM GEHÖRT DAS
RHEINGOLD? angelegen sein lassen.

Da die heitere Annäherung an Wagners RING alle
Spielarten von Humor kennt, kann hier zwischen Kitsch,
Karikatur und Comic (Walt Disneys Donald-Duck-Serie
mit Enten-Walküren und Siegnald als Haupthelden) nur
eine schmale Auswahl geboten werden. Anläßlich der
ersten Bayreuther Festspiele hält das Wiener Satire-Blatt
DIE BOMBE Wagners »Apotheose« bildlich fest: Der
Meister spaziert, gefolgt von seinen Jüngern, über eine
Regenbogenbrücke aus dem Festspielhaus hinaus gerade-
wegs nach Walhall – tatsächlich ein Irrenhaus.

Einen Wegbereiter zu vorliegendem Buch hatte Ale-
xander Moszkowski mit seinen Skizzen SCHULTZE UND
MÜLLER IM RING DES NIBELUNGEN von 1881 geschaffen, eine im Moritatenstil bebilderte »Nibelungen-Galerie«.
Unterlegt mit Versen wie »Dieses ist der böse Drache, riesi-
gster in seinem Fache«, faßte Moszkowski die RING-Prota-
gonisten mit viel Sinn für ihre komischen Abgründe ins

Der Ring und seine Folgen

Steckbrief aus Moszkowskis Nibelungen-Galerie

Dies ist Erda, Erdenweib,
Dame ohne Unterleib,
Hat den Ruf als weise Wala,
Drum läßt Wotan aus Walhalla
Sich mit ihr sehr häufig ein
In Dispute groß und klein.
Hat mit ihr auch manchmal nächtlich
Ein Verhältnis techtelmechtlich,
Nicht, weil er Verlangen trug,
Sondern, weil sie gar so klug,
Und weil er, der Göttermann,
Niemals satt sich hören kann
An den Worten, die der hellen
Erda aus dem Munde quellen.
Oft steht Wotan hutbedeckt
Vor der Höhle, wo sie steckt,
Lauschend staunenden Gesichts.
Manchmal weiß sie selber nichts.

Portrait. Scharfe Satire bot hingegen Fritz Mauthners DER UNBEWUßTE AHASVERUS von 1878, ein »Bühnen-Weh-Festspiel in drei Handlungen«, das in stabreimendem Nibelungen-Deutsch mit Wagners Antisemitismus abrechnet. Um dieselbe Zeit transferierte Paul Pniower alias P. Gispert in der Cricrologie DER RING, DER NIE GELUNGEN – mit Siegmaul und Stücksünde als Siegfrieds Eltern in der Personenliste – das Wagner-Sujet in die gründerzeitliche Gegenwart. Und wenn in Oscar Straus' Operette DIE LUSTIGEN NIBELUNGEN von 1904 wilhelminisches Teutonengehabe verjuxt wird, ist manch ironischer Seitenhieb auf Wagner natürlich unausbleiblich. Auch sonst stand die Musik bei der parodistischen Wagner-Verulkung nicht abseits.

1880 schrieben Gabriel Fauré und André Messanger ihre RING-Quadrille SOUVENIRS DE BAYREUTH, nur eine unter mehreren Quadrillen-Versionen der Tetralogie. Josef Kleins und Arthur Kullings SIEGFRIED-WALZER, der NIBELUNGEN-MARSCH von Gottfried Heinrich Sonntag runden dies unterhaltsame Repertoire ab. Ja, selbst die Eßkultur kam ohne Wagner nicht aus: So kredenzte die Firma Söhnlein RHEINGOLD-Sekt, und ein Bayreuther Gastronom lockte mit »Siegmunds Stangenspargel«, »Sieglinden-Käse«, Götterdämmerungs-Haxen« und dergleichen mehr Gäste an. Zwar gilt kulinarische Einverleibung heutzutage kaum noch als probates Mittel, um mit dem RING vertraut zu werden. Gleichwohl ist selbst darin noch das Verlangen wahrnehmbar, sich Wagners monumentales Hauptwerk nahezubringen.

Damit bewahrheitet sich im Scherz genauso wie im Ernst Wagners künstlerisches Credo vom unabdingbaren Gegenwartsbezug jeder wirklichen Kunst, durch das sich auch die Nachgeborenen zu einer sowohl kreativen, als auch zeitgemäßen Werkaneignung legitimiert fühlen können: »*Das absolute Kunstwerk*, das ist: das Kunstwerk, das weder an Zeit und Ort gebunden, noch von bestimmten Menschen unter bestimmten Umständen an wiederum bestimmte Menschen dargestellt und von diesen verstanden werden soll, – ist ein vollständiges Unding, ein Schattenbild ästhetischer Gedankenphantasie.«

Anhang

Verzeichnis der wichtigsten musikalischen Motive

*1 Ring-Motiv

*2a
Natur-
Motiv

*2b Natur-Motiv
(Variante)

*3 Rheintöchter-
Gesang

Wei - a! Wa - ga! Wo - ge, du Wel - le

*4 Rheingold-Motiv

*5a und *5b Motiv des Liebesverzichts

Variante

Nur wer der Min - ne Macht ent - sagt

Die wichtigsten musikalischen Motive: *6 – *12b

*6 Walhall-
Motiv

*7 Freia-Motiv

*8 Speer- oder
Vertrags-
Motiv

*9 Riesen-Motiv

*10 Feuer-Motiv

*11 Schmiede-
Motiv

*12a Tarnhelm-
Motiv

*12b Drachen-
Motiv

*13 Fluch-Motiv

*14 Erda-Motiv

*15 Motiv der
    Götter-
    dämmerung

*16 Schwert-Motiv

*17 Motiv von
    Siegmund und
    Sieglinde

*18 Wälsungen-
    Motiv

*19 Hunding-Motiv

*20 Walküren-Motiv

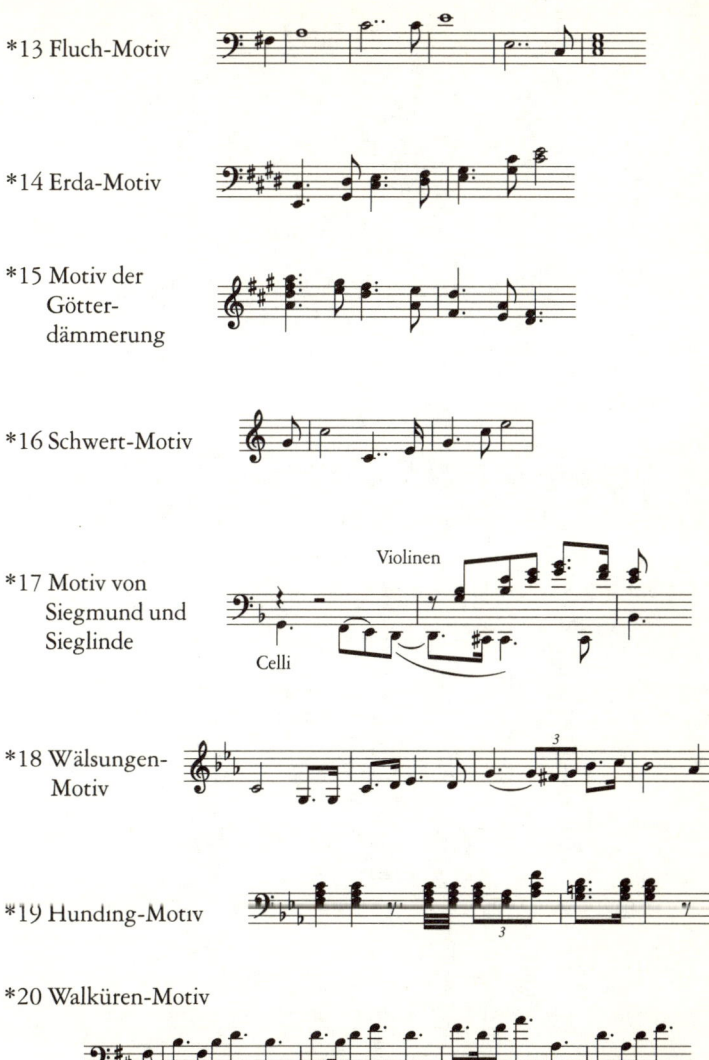

Die wichtigsten musikalischen Motive: *21 – *27

*21 Klage-Motiv

*22a Schicksals-
 frage

*22b Totenklage

*23 Motiv vom freien Helden

*24 Sieglindes Lobgesang
 auf Brünnhilde

O   hehr ———— stes Wund - der

*25 Grübel-Motiv

*26 Siegfrieds
 Hornruf

*27 Wanderer-
 Motiv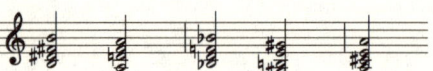

*28 Waldvogel-
Motiv

*29 Motiv vom
Welterbe

*30 »Ewig war ich«

E — wig — war ich

*31 »O Siegfried, Herrlicher«

O Sieg — fried, Herr – li - cher Hort — der Welt

*32 Motiv vom
Liebesgedenken

*33 »Weißt du, wie
das wird?«

Weißt du, wie das wird?

*34 Brünnhilde-
Motiv

119

Die wichtigsten musikalischen Motive: *35 – *41

*35 Gunther-
    Motiv

*36 Gutrunes
    Motiv

*37 Motiv des
    Vergessenstranks

*38 Hagen-Motiv

*39 Hagens
    Todesruf

Hoi – ho! ——

*40 Trauerlied
    der Rhein-
    töchter

*41 Todes-
    Motiv

Zeittafel

Um 436	Untergang des mittelrheinischen Burgunderreiches
seit dem 9. Jh.	Entstehung der ÄLTEREN oder LIEDER-EDDA
um 1200	Entstehung des mittelhochdeutschen NIBELUNGENLIEDS
um 1230	Der isländische Gelehrte Snorri Sturluson verfaßt die JÜNGERE oder PROSA-EDDA.
um 1260	Aufzeichnung der norwegischen VÖLSUNGASAGA
Ende 13. Jh.	Aufzeichnung der LIEDER-EDDA
1643	Wiederauffindung der LIEDER-EDDA
1755	Wiederentdeckung des NIBELUNGENLIEDS in Hohenems, die Voraussetzung für die Renaissance des Nibelungen-Mythos in der deutschen Romantik
1813	Am 22. Mai wird Richard Wilhelm Wagner als Sohn eines Polizeiaktuars in Leipzig geboren.
1822–1830	Wagners Schulzeit in Dresden und Leipzig
1831	Wagner wird Schüler des Leipziger Thomas-Kantors Theodor Weinlig.
1833	Nachdem Wagner sein Opernfragment DIE HOCHZEIT vernichtet hat, wendet er sich der romantischen Oper DIE FEEN zu (Uraufführung 1888 in München).
1836	Mißlungene Uraufführung von Wagner großer komischer Oper DAS LIEBESVERBOT in Magdeburg, Heirat Minna Planers
1837–1839	Wagner geht als Musikdirektor nach Riga, von wo aus er über London nach Paris flieht, um seinen Gläubigern zu entkommen.
1840–1842	Wagners Hungerjahre in Paris
1842	Erfolgreiche Uraufführung der großen tragischen Oper RIENZI in Dresden
1843	Uraufführung der romantischen Oper DER

Zeittafel

	FLIEGENDE HOLLÄNDER in Dresden, Wagner wird zum Königlich Sächsischen Hofkapellmeister ernannt.
1845	TANNHÄUSER-Uraufführung in Dresden
1848	RING-Vorstudie DER NIBELUNGEN-MYTHUS, ALS ENTWURF ZU EINEM DRAMA
1848/49	Wagner beteiligt sich in Dresden an den revolutionären Umtrieben. Nach dem Scheitern der Revolution wird er als Rädelsführer steckbrieflich verfolgt und muß aus Deutschland in die Schweiz fliehen.
1849–1860	Wagners Exil bis 1858 in Zürich, dann unter anderem in Venedig und Luzern
1850	Uraufführung der romantischen Oper LOHENGRIN unter Leitung von Franz Liszt in Weimar, Erstauflage von Wagners antisemitischem Pamphlet DAS JUDENTUM UND DIE MUSIK (Neuauflage 1869)
1852	Wagner lernt das Ehepaar Wesendonck kennen. Zu Mathilde Wesendonck faßt er im Laufe der Jahre eine tiefe Zuneigung.
1854	Arthur Schopenhauers DIE WELT ALS WILLE UND VORSTELLUNG übt auf Wagner nachhaltigen Eindruck aus.
1857	Für sieben Jahre legt Wagner die Komposition des RINGS beiseite.
1857/58	Es entstehen die sogenannten WESENDONCK-LIEDER.
1860	Nach Gewährung einer zunächst Sachsen ausschließenden Amnestie ist Wagner zum ersten Mal wieder in Deutschland.
1861	Skandal um den für Paris revidierten TANNHÄUSER
1864	Nachdem in Wien TRISTAN UND ISOLDE wegen Unaufführbarkeit abgesetzt worden ist, verläßt Wagner aus Furcht vor seinen Gläubigern die Stadt,

	erste Begegnung mit Ludwig II. von Bayern und Übersiedlung nach München
1865	Uraufführung der Handlung in drei Aufzügen TRISTAN UND ISOLDE in München unter der Leitung Hans von Bülows, des Ehemannes von Wagners Geliebten Cosima, Tochter von Franz Liszt
1866	Tod Minna Wagners
1866–1872	Wagner läßt sich nach seiner Ausweisung aus Bayern in Tribschen bei Luzern nieder.
1868	Uraufführung der MEISTERSINGER VON NÜRNBERG unter der Leitung Hans von Bülows in München, Beginn der Freundschaft mit Friedrich Nietzsche
1869	gegen Wagners Willen RHEINGOLD-Premiere in München
1870	von Wagner mißbilligte Münchner Uraufführung der WALKÜRE. Wagner heiratet am 25. August Cosima, geschiedene von Bülow, Uraufführung des SIEGFRIED-IDYLLS
1872	Übersiedlung nach Bayreuth, an Wagners 59. Geburtstag Grundsteinlegung für das Festspielhaus
1874	Die Familie Wagner bezieht die Villa Wahnfried.
1876	Eröffnung der Bayreuther Festspiele mit der Uraufführung des Bühnenfestspiels DER RING DES NIBELUNGEN, Wagners letzte Begegnung mit Nietzsche in Sorrent
1882	Uraufführung des Bühnenweihfestspiels PARSIFAL im Bayreuther Festspielhaus
1883	Richard Wagner stirbt am 13. Februar im Palazzo Vendramin in Venedig.

Zum Weiterlesen

Wer mehr über die Lebenshintergründe von Wagners Werk erfahren will, sei auf Martin Gregor-Dellins 1980 erstmals veröffentlichte Standard-Biographie RICHARD WAGNER. SEIN LEBEN, SEIN WERK, SEIN JAHRHUNDERT verwiesen. Knapper und trotzdem informativ: das der Reihe »rororo Monographien« zugehörige Bändchen RICHARD WAGNER IN SELBSTZEUGNISSEN UND BILDDOKUMENTEN von Hans Mayer (Hamburg 1959, danach zahlreiche Neuauflagen).
Darüber hinaus hat Mayer seit über einem halben Jahrhundert die Debatte um Leben und Werk des Bayreuther Meisters durch zahlreiche publizistische Beiträge maßgeblich mitbestimmt. Wolfgang Hofer hat diese faszinierenden Zeugnisse einer Wagner-Leidenschaft, der es nicht um Mystifikation, sondern um die geistesgeschichtliche Einordnung und Würdigung des Phänomens Wagner geht, in dem 1998 beim Suhrkamp-Verlag erschienenen Essay-Band HANS MAYER. RICHARD WAGNER zusammengetragen.

Über Wagners Œuvre im Hinblick auf seine Entstehung, Ausprägung und Nachwirkungen unterrichtet detailliert das RICHARD-WAGNER-HANDBUCH, herausgegeben von Ulrich Müller und Peter Wapnewski, Alfred Kröner Verlag, Stuttgart 1986, das darüber hinaus ausführlich weiterführende Literatur nennt. Ohnehin tragen Peter Wapnewskis Arbeiten – nicht zuletzt, weil sie aus dem Vergleich von Wagners Musikdramen mit ihren literarischen Vorlagen ihre Erkenntnisse gewinnen – viel zur Aufklärung bei. Besonders erhellend, Wapnewskis Studie DER TRAURIGE GOTT. RICHARD WAGNER IN SEINEN HELDEN, München 1978, und seine RING-Interpretation WEIßT DU WIE DAS WIRD …?, Piper Verlag, München 1995.

In musikalischer Hinsicht maßgeblich sind nach wie vor die Arbeiten von Carl Dahlhaus, insbesondere RICHARD WAGNERS MUSIKDRAMEN, erstmals vorgelegt 1971. Ausgiebig widmet sich auch Martin Gecks musikwissenschaftliche Abhandlung VON BEETHOVEN BIS MAHLER. DIE MUSIK DES DEUTSCHEN IDEALISMUS (Metzler, Stuttgart, Weimar 1993) Wagners Hauptwerk in dem Kapitel »Wagner – Vom ›Ring‹ her gesehen«.

Udo Bermbach wiederum gibt in seinem Buch DER WAHN DES GESAMTKUNSTWERKS. RICHARD WAGNERS POLITISCH-ÄSTHETI-SCHE UTOPIE, Frankfurt a. M. 1994, Einblick in Wagners gesell-schaftspolitische Vorstellungen. Dazu befragt Bermbach die theoretischen Schriften, die natürlich auch in Beziehung zum künstlerischen Werk gesetzt werden. Außerdem hat Bermbach gemeinsam mit Dieter Borchmeyer die interdisziplinär angelegte Aufsatzsammlung RICHARD WAGNER ›DER RING DES NIBELUN-GEN‹. ANSICHTEN EINES MYTHOS herausgegeben (Metzler, Stutt-gart, Weimar 1995), in der sich Beiträge verschiedener Autoren finden.
Schon 1987 fungierte Borchmeyer als Herausgeber eines vom Deutschen Taschenbuch Verlag in München editierten, nicht we-niger facettenreichen Sammelbandes WEGE DES MYTHOS IN DER MODERNE. RICHARD WAGNERS ›DER RING DES NIBELUNGEN‹, in dem die Referate einer an der Münchner Universität im Winter-semester 1986/87 gehaltenen Ring-Vorlesung enthalten sind.

Aus der älteren Wagner-Literatur ist neben den Schriften Friedrich Nietzsches und Thomas Manns insbesondere George Bernard Shaws brillanter Essay THE PERFECT WAGNERITE zu empfehlen, der als WAGNER-BREVIER derzeit bei Suhrkamp, 6. Aufl. Frankfurt a. M. 1996, verlegt wird.

Meisterwerke kurz und bündig

Herausgegeben von
Olaf Benzinger

Diese neue Reihe richtet sich gleichermaßen an den neugierigen Laien wie den ambitionierten Liebhaber der Meisterwerke abendländischer Kultur. Auf einen Blick erfährt man alles Wissenswerte über herausragende Werke der Literatur, Musik und Kunst. Inhalt, Entstehungs- und Wirkungsgeschichte sowie Zeittafeln, Figurenregister und Literaturhinweise machen jeden der einheitlich gestalteten Bände zu einem Kompendium, das keine wichtigen Fragen über das jeweilige Werk und seinen Schöpfer offen läßt.

Gerhard Fink
Homers Ilias und Odyssee
104 Seiten. SP 2885

Michael Lösch
Goethes Faust
128 Seiten. SP 2886

Robert Maschka
Wagners Ring
125 Seiten. SP 2887

Liselotte Bestmann
Michelangelos Sixtinische Kapelle
136 Seien mit einem farbigen Bildteil. SP 2888

Philipp Reuter
Prousts Auf der Suche nach der verlorenen Zeit
128 Seiten. SP 2890

Fritz R. Glunk
Dantes Göttliche Komödie
106 Seiten. SP 2891

Martin Gregor-Dellin

Richard Wagner
Sein Leben – Sein Werk – Sein Jahrhundert. 928 Seiten. SP 8318

Martin Gregor-Dellin hat die bis heute unübertroffene Wagner-Biographie für unsere Zeit geschrieben. Das scheinbar unergründliche Rätsel Richard Wagner wird zur realen Gestalt des 19. Jahrhunderts.

»Der seltsame Glücksfall einer Komponisten-Biographie, die wissenschaftlich unanfechtbar ist und zugleich für ein größeres Publikum einen in jedem Augenblick fesselnde Lektüre bildet.«
Die Zeit

»Hier erzählt einer die aufregendste Geschichte von einem Menschen, dessen Exzentrik und Genie, dessen Absurditäten und Widersprüche, dessen Heimlichkeiten und Unheimlichkeiten ein wunderbares Welttheater vorführen.«
Der Spiegel

»Der Glücksfall einer Komponisten-Biographie.«
Carl Dahlhaus

Peter Wapnewski

Der Ring des Nibelungen
Richard Wagners Weltendrama. 331 Seiten mit 50 Abbildungen und 80 Notenbeispielen. SP 2629

Wie war das nochmal mit dem Gold, das Alberich raubte, das Wotan den Riesen weitergeben mußte, das Weltherrschaft verhieß und nicht der Verfügung des Bösen überlassen bleiben durfte, weil deshalb nach Siegmunds Scheitern schließlich dessen Sohn Siegfried die Schöpfung zu retten ausersehen war…? Wer spätestens hier den Überblick verliert, der ist nicht allein. Das größte Werk der Bühnengeschichte ist für viele ein Monstrum, doch das muß nicht sein. Wapnewskis klare und eingängige Erläuterungen sind für den Kenner, den Neugierigen und den Unwissenden eine hilfreiche und kenntnisreiche Stütze. Er deutet jede Szene, erklärt die Verbindungen und entwirrt das Geflecht der Handlung. Das Vergnügen, das er beim Schreiben hatte, überträgt sich auf den Leser.